コロナ後に

生き残る会社 食える仕事 稼げる働き方

遠藤 功

東洋経済新報社

はじめに――「コロナ・ショック」を「コロナ・チャンス」に変える

「まさかこんなことに……」という時代を生きる

近年、大企業の経営者たちから、**「VUCA」**という言葉がさかんに聞かれるようになった。

「VUCA」とは「Volatility」（不安定性）、「Uncertainty」（不確実性）、「Complexity」（複雑性）、「Ambiguity」（曖昧模糊）という4つの単語の頭文字からとった略語であり、**「先がまったく読めない不安定、不透明な環境」**を言い表している。

私たちは「VUCA」という新たな混迷する環境を頭では理解し、備えていたつもりだった。

しかし私たちの認識は、とんでもなく甘かったと認めざるをえない。

「ＶＵＣＡ」とは「まさかこんなことに……」という事態が起きることなのだと思い知らされた。

中国に端を発する新型コロナウイルスは、わずか半年ほどで世界を震撼させ、経済活動や社会活動をいっきに停滞させ、世界中の人々の生活をどん底に陥れようとしている。

「つながる」ことや「ひとつになる」ことの恩恵ばかりを享受していた私たちは、その裏で**広がっていた「感染」というリスクの怖さ**を、日々身をもって体験している。

世界的な「コロナ大恐慌」の可能性は高まっている
――インパクトはとてつもなく大きく、長くなる

世界の累計感染者数は２０２０年７月５日現在、１１２０万人を超えた。６月28日に１０００万人を突破してから、わずか７日で１２０万人も増加し、その勢いは加速している。累計の死者数も53万人を突破した。世界で最も感染者数が多い米国の死者数は12万５０００人を超え、全体の４分の１を占めている。

現在は、ブラジル、ロシア、インドなどの新興国で感染者が急増し、その勢いはとどま

るところを知らない。南半球で感染拡大が落ち着いたあとに、北半球で本格的な第二波が来るとも言われている。

いったん収まったかに見えた中国でも、感染者が再び増加し、6月18日に北京市は警戒レベルを上から2番目に引き上げた。ドイツでは、食肉処理場で1500人の集団感染が確認された。

たとえ今回のコロナが収束しても、シベリアの永久凍土が溶け出し、新たな感染症が懸念されるなど、ウイルスによるリスクは間違いなく高まっている。

パンデミック（感染爆発）のインパクトはとてつもなく大きく、長くなることを私たちは覚悟しなければならない。

経済の低迷は、企業の倒産、失業者の急増、自殺者の増大、食糧問題の深刻化など社会不安を高め、世界は混迷を深めている。

米国では白人警官が黒人男性の首を圧迫して死亡させた事件をきっかけとした抗議活動が全米に広がり、その一部が暴徒化、放火や略奪まで起きている。

その背景には、黒人らマイノリティのコロナによる死亡率の高さや大量失業などによる不安や不満の蓄積があると指摘されている。人種差別を糾弾するデモは世界中に広がっている。

ドミノ倒しのようにさまざまな問題が連鎖し、**世界的な「コロナ大恐慌」になる**可能性は高まっている。

「緩慢なる衰退」から脱却する千載一遇のチャンスでもある——コロナ後に確実に起きる変化は、ある程度読み解ける

現時点で、コロナ後の世界がどうなっていくのかの全貌を予測するのは時期尚早だ。それほど、コロナのインパクトは広範囲に及び、複雑で、根深い。

しかし、**コロナ後に確実に起きる変化**を、ある程度読み解くことはできる。

その変化を先取りし、先手先手を打たなければ、私たちはコロナの大渦に呑み込まれてしまうだろう。

世界経済は大きく縮む。

当面はコロナ前と比較して「30％エコノミー」「50％エコノミー」を想定せざるをえない。

その先においても、**「70％エコノミー」が妥当な予測**だろう。

それぞれの会社は、まずは「縮んだ経済」に合わせて、身を縮めるしかない。生き残るためには、痛みを伴う施策を断行せざるをえない会社も出てくるだろう。

だが、コロナ・ショックは日本にとって、必ずしもマイナスばかりではないと私は考えている。

むしろ、**平成の「失われた30年」という「緩慢なる衰退」から脱却し、力強い再生へとシフトする千載一遇のチャンス**である。

中途半端に沈んだまま、もがきつづけるより、どん底まで沈んだほうが反転力は強くなると私は期待したい。

それだけの**回復力、潜在力が、この国にはある**はずだ。

「プロの時代」「レスの時代」の幕開けになる

そして、それは日本企業が競争力を取り戻し、業績を回復させるだけにとどまらない。

むしろ、経済的な側面よりも、**日本人の価値観や働き方を大きく変え、日本という国が真に豊かで、幸せな国になるための好機**だと私は捉えている。

コロナ・ショックは、ビジネス社会における「プロの時代」の幕開けになる。

滅私奉公的なサラリーマンは淘汰され、高度専門性と市場性を兼ね備えた「プロ」が活躍する時代へと突入する。

競争は厳しくなるが、「個」の活性化なしに、この国の再生はありえない。

そして、**働き方においては「レスの時代」の幕開け**となるだろう。

「ペーパーレス」「ハンコレス」にとどまらず、**「通勤レス」「出張レス」「残業レス」「対面レス」**、さらには**「転勤レス」**といった新たな働き方がこれから広がっていく。

こうした新たな動きによって、無用なストレスは軽減され、私たちは人間らしさを取り戻していく。その結果、経済的な豊かさだけでなく、精神的な豊かさも手に入れることができるはずだ。

コロナという**「目に見えない黒船」は、この国を再生させる大きなきっかけ**になりえる。

私たちは「コロナ・ショック」を、自らの手で**「コロナ・チャンス」**へと変えなければならない。

本書では「企業」「仕事」「働き方」という3つの視点で、ポストコロナの世界を展望してみたい。

目次

『コロナ後に生き残る会社　食える仕事　稼げる働き方』

はじめに

第1章

コロナがもたらす「本質的変化」とは何か

第2章 コロナ後に、日本企業は何を、どう変えるべきなのか 049

2 ポストコロナのサバイバル戦略

3

ポストコロナの人材戦略
ポストコロナの人材戦略

第4章 コロナ後に、「働き方」はどのように変わるのか 151

3 社内コミュニケーション術

おわりに

第1章

コロナがもたらす「本質的変化」とは何か

1

「移動蒸発→需要蒸発→雇用蒸発」というコロナ・ショックのインパクトを理解する

1000兆円の所得が消える

コロナ不況は2008年のリーマンショックを超え、ウォール街の株価暴落に端を発した1930年代の大恐慌に匹敵すると言われている。

コロナの影響を免れる国や産業などない。**一部の限られた業界を除けば、ほぼすべての業界が、すでに大きな打撃を受けている。**

現在は航空、鉄道、タクシーなどの交通関係、ホテル、旅館などの観光業界、飲食業、娯楽産業などを直撃しているが、これからは製造業や不動産業など、きわめて広範囲な産業に甚大な影響を及ぼすのは必至だ。

その**被害額は、とてつもない数字**になる。

図表1 ◆ 世界と主要国の実質GDP予測（IMF）

（%）

	世界	米国	英国	ユーロ圏	イタリア	スペイン	日本	中国
2009年	▲0.1	▲2.5	▲4.2	▲4.5	▲5.3	▲3.8	▲5.4	9.4
2019年	2.9	2.3	1.4	1.2	0.3	2	0.7	6.1
2020年（見通し）	▲4.9	▲8.0	▲10.2	▲10.2	▲12.8	▲12.8	▲5.8	1.0

6月24日に発表されたＩＭＦ（国際通貨基金）の世界経済見通しによると、２０２０年、２０２１年の2年間で12・５兆ドル、円換算で約１３００兆円もの経済損失が発生する。[1]

4月の発表では9兆ドルと予測されていたが、わずか２カ月余りで１・５倍に膨らんだ。

しかも、この数字は**個人所得という「フロー」**である。富裕層が抱える金融資産などのストックではなく、所得という実体経済を直撃するのだから、その影響はきわめて深刻と言わざるをえない。

ＩＭＦによる各国の実質ＧＤＰ予測によると、米国は8・０％減。米国同様、最も深刻な影響を受けているイタリアとスペインはともに12・８％減が見込まれている。日本も５・８％減と予測されている（図表1）。いずれも、４月の予測値から大幅に悪化している。

ニッセイ基礎研究所の試算によると、日本国内の最終家計消費支出は少なくとも約15兆円消失する。

ポストコロナの「機関車」（牽引役）が見えない

さらにいえば、コロナ不況からの「出口」はそう簡単には見つかりそうもない。

たとえワクチンなどが開発され、コロナというウイルスの蔓延は収束しても、それで終わりではない。大きく傷んだ経済の回復には相当の時間を要する。

リーマンショック後は、中国やインドなどの新興国経済が比較的堅調で、世界経済を下支えした。しかし、**今回はポストコロナの「機関車」（牽引役）は見えない**。

また、資源価格も急落した。コロナ禍による原油需要の急減で、原油価格がマイナスを記録するという空前絶後の出来事も起きている。

冷静かつ客観的に世界のいまの情勢を見渡せば、楽観的なシナリオはとても描けない。**世界同時不況を免れることは難しい**と言わざるをえない状況だ。

「移動蒸発」が発端に

コロナは何の前触れもなく、経済活動のほぼすべてをいっきに「蒸発」させてしまった。その発端は**「移動蒸発」**である。

国をまたいだ移動は言うに及ばず、国内でも県をまたぐ移動は、ほぼ全面的にストップした。世界は瞬く間に「引きこもり」状態となり、**移動がもたらす経済のダイナミズムは消失**してしまった。

国土交通省の航空輸送統計によると、3月の国際線利用者数は対前年同月比77・3%減の約47万人、国内線利用者数は同53・6%減の約434万人だった。

4月以降はさらに深刻で、4月の訪日客数はわずか2900人。対前年同月比99・9%減。ほぼゼロになってしまった。

「移動蒸発」によって米国のレンタカー大手ハーツ・グローバル・ホールディングスは、5月に経営破綻した。外出・移動規制によって、キャンセルが急増したためだ。[2]

「移動蒸発」が「需要蒸発」を引き起こす

「移動蒸発」は、「需要蒸発」を引き起こす。

旺盛なインバウンド（訪日観光客）需要に支えられてきた百貨店の**売上高は、いっきに減少。**百貨店の3月の売上高は、対前年同月比33・4％減、4月は72・8％減となった[3]。

外食産業への影響も大きい。ワタミは全店舗の13％にあたる65店の閉店を決め、減損損失19億円を計上した[4]。

ファミリーレストランのジョイフルは、全国に展開する713店の約3割にあたる約200店を7月から順次閉店すると発表した。4月と5月の売上は対前年同月比でともに半減していた[5]。

グローバルに展開する企業へのインパクトはさらに大きい。

「ZARA」などを展開するアパレル世界最大手インディテックス（スペイン）は、全体の16％にあたる最大1200店舗を閉める計画を明らかにした[6]。

「ファストファッションの勝ち組」と呼ばれた同社でさえ、20年2～4月期の純損益は赤字に転落し、大量閉店に追い込まれた。

「需要蒸発」がもたらす、深刻な「雇用蒸発」の衝撃
――米国では、すでに5人に1人が職を失った

そして**「需要蒸発」は、当然のことながら「雇用蒸発」につながる。**

米国では、すでに5人に1人が職を失った。

5月の失業率は20％に達し、1930年代の大恐慌並み（約25％）になる可能性もあると指摘されている。トランプ大統領が経済活動の再開に前のめりになる理由はここにある。

欧州連合（EU）の行政を担う欧州委員会によると、域内の観光業に従事する2700万人のうち、600万人が失業しかねないという。**こちらも5人に1人が職を失う**可能性がある。[7]

NHKの報道によれば、中国では2億人がコロナの影響で仕事を失ったという。

厚生労働省によると、日本でも、7月1日時点でコロナの影響による失職者が3万人を超えた。約1カ月で1万人増え、雇用状況の悪化に歯止めがかかっていない。

これは、**さらなる悪化の前触れにすぎない。**

5月29日に公表された4月の雇用統計によると、4月の休業者数は過去最多の597万人にのぼる。日本は「巨大な失業予備軍」を抱えている。

野村総合研究所の試算によれば、**コロナが長期化し、行動制限が1年間続くとしたら、日本の新規失業者は222万人に達する。**

第二波、第三波が襲来すれば、行動制限が断続的に長期化することは十分にありえるシナリオである。もしこれほどの失業者が発生すれば、日本の失業率は5・6%となり、リーマンショック後の5・1%を上回る。

「移動蒸発→需要蒸発→雇用蒸発」という**「蒸発のドミノ倒し」**。

私たちは**「出口の見えないトンネル」**に入り込んでしまった。

2

「弱肉強食の時代」に突入する

「70%エコノミー」を前提に経営をする

コロナ・ショックにより、経済活動は大きく縮む。どの国も徐々に経済活動を再開させてはいるが、戻りのスピードは鈍い。

先行きが不透明で、楽観的なシナリオは描けないのだから、消費や投資に慎重になるのは当然である。

政府は月例経済報告で月に一度、公式な景気判断を示しているが、4月は「急速に悪化しており、極めて厳しい状況にある」と深刻な状況であることを指摘した。そして、5月も「急速な悪化が続いており、極めて厳しい状況にある」と認識を変えていない。

内閣府の集計では、上場企業の経常利益は1～3月期に対前年同月比60・3%減った。

国内外で「需要蒸発」が起き、製造業、非製造業を問わず厳しい状況はこれからも続く。[8]

経済活動の再開を受けて、少しずつ需要は回復している。

とはいえ当面、元に戻ることはないと私は考えている。**コロナ前の70％程度にまで回復すれば御の字**だろう。

となれば、**企業は「70％エコノミー」を前提に経営の舵取りをしていく必要がある。**

「ゼロサム」どころか、「マイナスサム」のなかで生き残りを模索することが求められている。

多くの企業は、身の丈を縮めざるをえない

経済が大きく縮むのだから、多くの企業はそれに合わせて自分たちの身の丈を縮めざるをえない。

たとえば日産自動車は、生産能力を540万台にまで減らすと発表した。2018年には720万台だったものを、4分の3にまで縮めることになる。

日産はコロナ以前から、業績不振により構造改革を進めていた。

2019年7月に生産能力を660万台に減らすと発表したが、コロナ・ショックによ

り120万台の追加削減を決めた[9]。

日産の提携先であるフランスのルノーも、世界の全従業員の約8%にあたる1万5000人規模の人員削減を発表した。経営再建に向けて、20億ユーロ(約2380億円)のコスト削減を断行する[10]。

コロナ・ショックによる「雇用蒸発」は、これから本格化する。

「コロナ特需」は限定的で、「蒸発した巨大な需要」は補えない

もちろん、コロナによって恩恵を受けている企業もある。

たとえば、**外出自粛による「巣ごもり特需」**により、ゲーム人気は高まっている。任天堂の家庭用ゲーム機「スイッチ」は、品切れ状態が続いている。

発売3年目にもかかわらず、「スイッチ」本体の2019年度の販売台数は過去最高を記録した。任天堂が3月20日に発売したゲームソフト「あつまれ　どうぶつの森」は、わずか12日間で世界で1177万本が売れた。

外出自粛などを受けて、宅配需要も急増している。

ヤマト運輸の4月の宅急便取扱個数は、対前年比13・2％増、日本郵便（JP）のゆうパックの3月実績も16・4％増と、どちらも2桁の増加を記録した。

ネット通販の利用は、これまで馴染みの薄かった消費者層にも広がっており、消費者行動は明らかに変化しつつある。

食品の売上も堅調である。

たとえば、明治ホールディングスの2021年3月期の連結純利益は、対前期比3％増の695億円と、最高益を更新しそうだと発表した。コロナの影響で健康志向が高まり、機能性ヨーグルトなどの販売が伸びているという[11]。

「巣ごもり需要」や食品以外にも、コロナがもたらす新たなビジネスチャンスは存在する。

治療薬や診断薬、ワクチンなどの医薬品分野だけでなく、**「衛生」「在宅」「リモートワーク」「オンライン化」「非接触」「監視」「データ」**などのキーワードは、新たな需要を生み出す可能性を秘めている。

しかし、全体を見れば、こうした**「コロナ特需」の恩恵を受けている企業は限定的であり、「蒸発した巨大な需要」を補うことはできない。**

「生命力」のある国、会社しか生き残れない

「マイナスサムエコノミー」において問われているのは「生命力」の強さである。経済やビジネスが縮めば、**「新陳代謝」が起きるのは必然**である。強いものは生き残り、弱いものは淘汰される。生き残りをかけた熾烈な戦国時代に、私たちは突入していく。

「新陳代謝」は個々の企業のリストラだけではなく、より大きな動きとして、業界再編の動きが加速するのは間違いない。

大きな経済危機のときに、M&Aが増え、寡占化が進むことは、これまでの歴史が証明している。

寡占に対する懸念はあるが、傾いた企業を体力のある会社が買収するのは、倒産を防ぎ、雇用を守るという意味では、経済合理性に即した行動でもある。

「真面目な茹でガエル」は死滅する

「生命力」が問われるのは、個人も同じだ。

これまで以上に、勝ち組と負け組の差が大きくなり、格差は拡大するだろう。

経済同友会代表幹事である櫻田謙悟さん（SOMPOホールディングスグループCEO）は、コロナ以前から**「真面目な茹でガエルになっていないか」**と警鐘を鳴らしつづけている。[12]

「良い大学に入ったら、良い会社に入れて、一生安泰に過ごせるという人生モデルはすでに崩壊しているのに、多くの人はまだこのモデルが続いているような幻想を抱いている。それが、『茹でガエル現象』です。本当は間違っていることを、疑うことなく正しいと思い込んで、一生懸命にコツコツやっているので、私は『真面目な茹でガエル現象』と呼んでいますが、（筆者注：日本企業の）惨敗の歴史の根底には、こういう誤った現状認識があると思います」

コロナをきっかけに日本企業は大きく生まれ変わろうとするだろう。変わらなければ生き延びていけないのだから、経営者たちは本気だし、必死だ。

問題は社員たちだ。

会社が生まれ変わろうとしているのに、社員たちの意識や行動が変わらなければ、その社員は間違いなく「お払い箱」になる。

いまの日本企業に、それを躊躇している余裕などない。

3 「低成長×不安定」の時代に、生き残る覚悟をもつ

「経済成長率」と「環境安定性」という二軸で現在を捉える

ビジネスは環境の産物である。コロナによって、日本経済や日本企業を取り巻く環境は

図表2 ◆ 企業を取り巻く環境変化

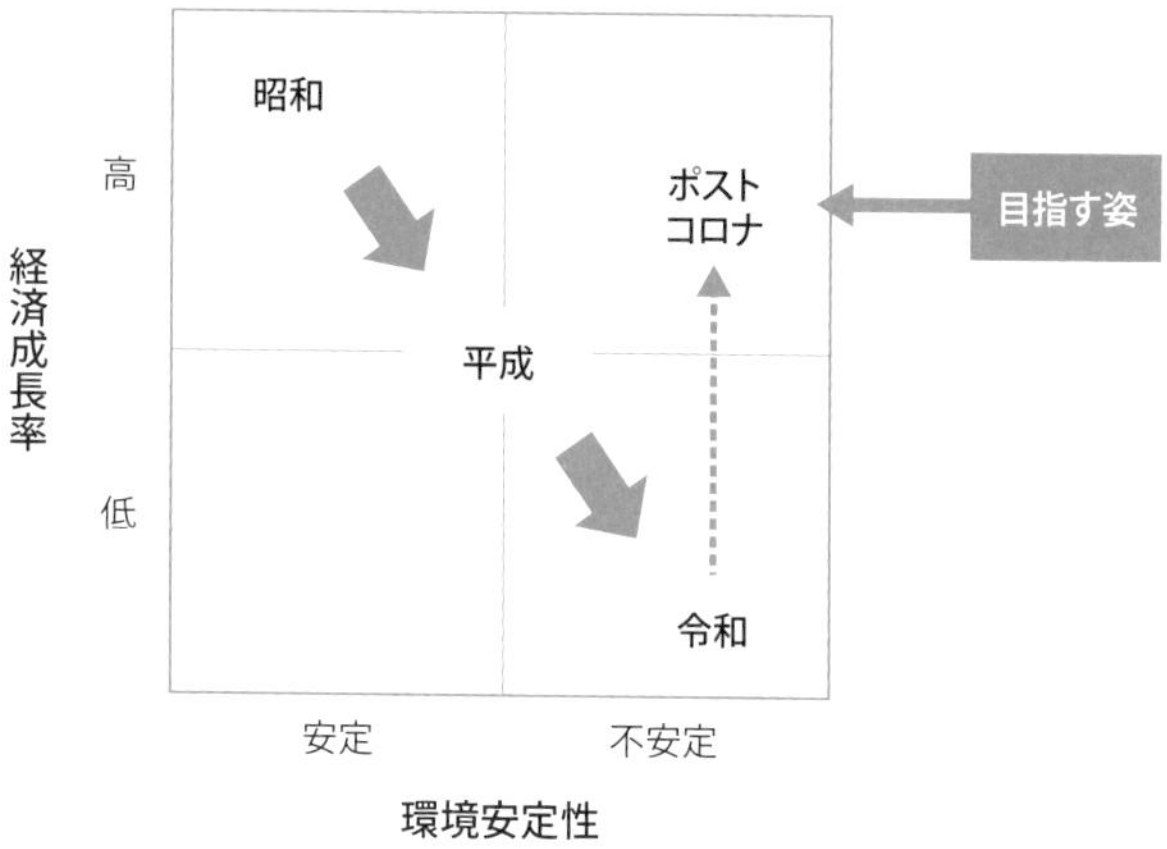

激変してしまった。

変化にうろたえ、右往左往している暇などない。

コロナ・ショックによる**「変化の本質」**を正しく理解したうえで、企業も個人もどうしたら生き残れるかを本気で考えなくてはならない。

企業を取り巻く環境は、**「経済成長率」**と**「環境安定性」**という二軸で捉えることができる。

この二軸を使って、昭和、平成、そして令和（現在）という時の流れをあらためて振り返ってみよう（図表2）。

昭和＝戦後続いた「高成長×安定」の時代

昭和は、**高成長**が続き、**比較的安定した環境**だったと言える。

戦後の混乱から立ち直り、「もはや戦後ではない」（昭和31年度経済白書）と表現されたころから持続的成長を遂げた。

神武景気、岩戸景気、オリンピック景気、いざなぎ景気と好景気が続いた。

昭和33年（1958年）から昭和48年（1973年）までの15年間の経済成長率は平均9・5％にのぼり、「10％成長が当たり前、5％なら不景気」と言われるような高成長を謳歌した。

昭和においても、公害やオイルショックなどさまざまな社会的課題やリスクに見舞われたが、多くの課題は単発で、広がりも限定的だった。

そして、なによりも**持続的な高成長が、社会の安定性を担保した。**

平成＝バブル崩壊によって「低成長×崩れゆく安定」の時代に

平成に入り、**経済成長に大きなブレーキ**がかかった。

バブル崩壊によって戦後2度目のマイナス成長を記録した平成5年度（１９９３年）から平成29年度（２０１７年）までの24年間の平均成長率はわずか１％にすぎない。その間に、マイナス成長となった年が5回もある。

平成7年（１９９５年）の阪神・淡路大震災、平成23年（２０１１年）の東日本大震災という大災害にも見舞われた。

「人口減少」「高齢化」「過疎化」という社会的課題が、じわじわとこの国の安定性を毀損させている。

さらに、グローバル化が進むなかで、ＩＳなどによるテロや北朝鮮問題など海外のリスクが、日本にも大きな影響を及ぼすようになった。

令和＝コロナでいっきに「低成長×不安定」局面へ

「失われた30年」と呼ばれる平成という時代を経て、いま私たちは令和という新たな時代を迎えた。

そこに突如起きたのが、コロナ・ショックである。

成長を続けてきた米国や新興国へのシフト、「観光立国」という旗印の下進めてきたインバウンド需要の掘り起こしなど、なんとか成長を下支えしようとした施策がいっきに吹き飛んでしまった。

さらに、企業倒産、失業率の上昇、自殺者の増加などが貧困問題などを引き起こし、社会不安をもたらす恐れは大きく高まった。

野村総合研究所の試算によれば、**2020年4〜9月のGDPは47兆円ほど減る**。

緊急事態宣言が全面解除されても、個人消費は半分程度しか戻らないと予測している。

また、失業率は6・9％程度にまで高まる可能性があるとも指摘している。

コロナは私たちを**「低成長×不安定」**という、どん底局面へと追い込んでいる。

私たちは**「先の見えないトンネル」の中にいるのではなく、「出口のないトンネル」に追い詰められている。**

危機的な異常事態は「新たな様式」を生み出す

「失われた30年」と呼ばれる平成時代をいま振り返ると、私たちは**「緩慢なる衰退」**を社会全体で暗黙裡に容認していたように思える。

「目覚めよ、私たちは変わらなければならない」と危機意識を煽ったものの、本気で変わるつもりなどなく、どこかで「ムリに変わる必要はない」「これまで通りでもなんとかなる」と高をくっていたのかもしれない。

日本の生産性の低さはここ何十年も指摘され、議論され、対策も講じられてきたが、私たちは**本気で生産性を高めようとはしてこなかった。**

しかし、コロナ・ショックですべての活動が止まり、日本のみならず世界経済がいっきに悪化するなかで、私たちはほぼ強制的に変わらざるをえない状況に追い込まれている。

変革には、大きな損失や痛みを伴う。抵抗勢力の反発も大きい。

しかし、長い目で見れば、**「緩慢なる衰退」が続くよりもはるかにいい**と私は感じている。

そして、危機的な異常事態は、**「新たな仕組み」や「新たな様式」を生み出すトリガーにもなる**ことは歴史が証明している。

実際、１９２９年に始まった世界大恐慌がきっかけとなって、週40時間労働や最低賃金、児童労働禁止、ワークシェアリングなどの現代に続く労働慣行は生まれている。

「出口のないトンネル」から脱出する策を探る

いまこそ、私たちは覚醒しなければならない。

どうすれば日本企業は再生できるのか、どうすれば新たな成長を生み出すことができるのか、どうすれば生産性を高めることができるのか……。

どん底に達し、袋小路に入り込んだからこそ、私たちは過去を断ち切り、思い切って変革を進めることができるはずだ。

「出口のないトンネル」から脱出する方法はひとつしかない。

それは、**自分たちで「出口を掘る」**ことである。

逆にいえば、いま覚醒できなければ、この国は間違いなく終わるだろう。

一流国どころか、三流国へと転落し、消えていく。**私たちはそうした歴史的大転換点に立たされている**のである。

奈落への転落を防ぎ、いま一度輝く国へと再生するために、私たちはどうしたらいいのか。

次章以降で、「企業」「仕事」「働き方」の3つの視点で考えていきたい。

第2章

コロナ後に、日本企業は何を、どう変えるべきなのか

1 日本企業が再生のためにとるべき戦略

いま必要な4つの経営戦略──「SPGH戦略」

まずは、ポストコロナにおいて日本企業がとるべき経営戦略について考えていこう。

コロナ禍を奇貨として日本企業が再生するには、次に述べる4つの経営戦略を断行しなければならない。

①サバイバル戦略（Survival）

まず私たちはなんとしてでも、いまの厳しい状況を生き延びなければならない。

短期的に見れば、私たちは悲観的な態度でのぞまざるをえない。危機的な状況に追い込まれたときにしかできない施策の断行を躊躇してはならない。

この舵取りを間違えると、会社の未来は暗澹たるものとなってしまう。

②生産性戦略（Productivity）

コロナ禍という不幸な出来事にメリットがあるとすれば、リモートや非接触の可能性に気づかせてくれたことである。

長年指摘されてきた日本という国、そして日本企業の低生産性にメスを入れる絶好のチャンスである。

③成長戦略（Growth）

「縮む」だけでは、未来はない。

私たちは新たな環境のなかで、新たな可能性に果敢に挑戦し、持続的な成長を目指さなければならない。**短期的には悲観的だが、中長期的には楽観的な態度が必要**だ。

④人材戦略（Human Resource）

日本企業の再生には、**人材戦略の見直しが不可欠**である。

同質的な集団、不平等・不公平な人事評価・処遇のままでは、日本企業の再生、発展はありえない。

「個」を活かす新たな人材戦略の構築が急務である。

それぞれのイニシャルをとって、これら4つの経営戦略を「SPGH戦略」と呼ぶことにしよう。

次節以降でひとつずつ見ていきたい。

2 ポストコロナのサバイバル戦略

ダメージを最小化するため、まずはしっかりと「守りを固める」

コロナ・ショックの本当のインパクトが訪れるのは、これからが本番である。しばらくは「茨の道」を覚悟しなければならない。

その**ダメージを最小化するには、しっかりと「守りを固める」**ことが肝心である。安全運転を志向し、リスクを回避し、堅実経営を心がけなければならない。

キャッシュフローを重視し、無駄や出費を抑え、投資も本当に必要なものだけに限定する。少なくともむこう1年程度は、慎重な態度でのぞむことが必要である。

しかし、じっと耐え忍び、慎重になるだけでは守りを固めたことにはならない。

「守りを固める」とは、堅牢な橋頭堡《きょうとうほ》をつくり上げることである。

いまこそ、これまで手をつけることができなかった「聖域」にしっかりと切り込むことが必要だ。

「守りを固める」ための主な3つの方策について説明しよう。

方策1 人員の適正化（ダウンサイジング）を断行する

「本社で働く3割はいらない」

90年代のバブル崩壊後、日本企業は**「3つの過剰」**に苦しめられた。**「設備の過剰」「雇用の過剰」「債務の過剰」**である。

多くの日本企業は、1990年代から2000年代はじめにかけて厳しいリストラを断行し、「3つの過剰」を解消する努力を行った。

その結果、日本企業は石油ショックなどの外的ショックにも耐えられるような筋肉質の体質になった。

キャッシュフロー重視の健全経営を志向した結果、「設備の過剰」「債務の過剰」はいまでも限定的と言える。

しかし、**「雇用の過剰」は、いまもって大きな課題**として残っている。

コロナ禍が起きる前のことだが、ある大企業の経営者と会食をした際、彼は**「本社で働く3割はいらない」**と語っていた。

実際、ここ数年、「働かないおじさん」は社会問題化していた。出勤しているのに、仕事をせずにぷらぷらしている中高年層の社員たちのことだ。

人手不足が叫ばれていたにもかかわらず、仕事がない、仕事をしない人たちが一定比率、存在していた。

しかも、「働かないおじさん」の給与水準は高い。働かないにもかかわらず、若い人たちよりもはるかに高い報酬が支払われる。

若い人たちのモチベーションは下がり、職場の雰囲気も悪くなるのは必然である。

「船の大きさ」に定員を合わせる

コロナのあとでは、さらに人の余剰感は増している。

「船の大きさ」が突然3割縮んだのに、定員がそのままでは間違いなく沈没してしまう。

ダウンサイジングをためらっている暇はない。

雇用が守られている日本において、人員の適正化に着手するのは容易なことではないが、コロナという異常事態が起きているいまだからこそ、手をつけるチャンスでもある。

『日本経済新聞』によると、三井住友FGは本部人員を3割削減することを計画しているという。

同社の「本社管理」の人数は約1万5000人。3割というと、約4500人を削減することになる。[13]

早期退職制度の実施、給与水準の見直し、再教育を施したうえでの配置転換など、**あらゆる施策を総動員して、人員の適正化（ダウンサイジング）を進めなければならない。**

方策2 コストの「変動費化」を進める

「身軽」にするのが最大のリスクヘッジ

コロナの影響が最も深刻な業界は、固定費の高いビジネスである。

重厚長大な大規模設備投資型の産業や、人を多く抱える労働集約的な産業は、経済活動がストップし、稼働率がいっきに下がると、持ちこたえることができない。**航空、鉄道、鉄鋼などは、きわめて厳しい状況**に追い込まれている。

今回のコロナが収束しても、同様のウイルスがまた世界で猛威をふるうことは間違いなく起こりうる。**「需要蒸発」というリスクは、高固定費ビジネスのあり方を根本から変えてしまう**可能性がある。

高固定費ビジネスに限らず、企業経営者は「固定費の圧縮」に取り組まざるをえない。**経営を常に「身軽」にしておくことが、最大のリスクヘッジ**であることが、今回、痛いほどわかった。

固定費圧縮のひとつの手段が、コストの「変動費化」である。

たとえば、人件費についても、**「正社員主体」から「契約社員などの期間限定的な雇用形態」が、これまで以上に増えていく**だろう。

日々の事業運営を担う「コア人材」は正社員として採用するが、専門性を活かすプロフェッショナルやエキスパート的な人材は、契約社員的に活用するのがこれからの人材戦略のひとつの柱となる。

社員を「常時抱える」のではなく、「必要なときに、必要な人材を、必要な期間だけ活用する」のが、会社にとって最も経済合理性が高い。

コア業務以外は、外に切り出す

変動費化を進めるのは、人件費だけではない。

内製化すべき業務をもう一度洗い出し、ノンコア業務はアウトソーシングを活用するなど、思い切った変動費化を進めるべきである。

さらには、設備やオフィスなども他社とシェアリングするなど、「自前」の発想を見直し、可能な限り「身軽」にしておくことを、いまこそ行わなければならない。

外部を上手に利用しながら、常に身軽で、柔軟にしておくことが、ポストコロナにおける戦略の基本となる。

これからリモートワークが推進されれば、都心の一等地にこれ見よがしの巨大なオフィスを構える必要などなくなる。

権威の象徴のような「巨大な本社」など、過去の遺物になるだろう。

ポストコロナのサバイバル戦略

方策3 目先のビジネスチャンスをものにし、「しっかり稼ぐ」

「顧客の変化」を見逃さない

「守りを固める」のは、これまでのコスト構造にメスを入れることだけではない。

目先のビジネスチャンスをとりこぼさず、「しっかり稼ぐ」ことも、重要な「守りの戦略」である。

ここで大事なのが、**「顧客の変化」を見逃さない**ことである。

ある企業の営業部門で、ポストコロナを象徴するようなことが起きていた。

これまでなかなか進まなかった商談がいっきに進みはじめたり、これまでは競合他社の牙城だった顧客から「話を聞かせてほしい」という依頼が舞い込んできたりしているという。

また、別の企業ではこれまで取引のなかった顧客からの問い合わせからスタートし、すべてオンラインで商談を進め、わずか1カ月で受注が決まるということも起きている。

こうした現象はいったい何を意味するのか。

コロナ前とコロナ後では、顧客の購買基準や選定方法が大きく変わりつつあるということである。

顧客は、変革を余儀なくされている。その変革の後押しをしてくれるパートナーは誰なのかを、まっさらな視点で見直そうとしているのだ。

「これまで付き合いがあったから、放っておいても仕事は来る」などと安易に考えていたら、墓穴を掘る。

逆にいえば、**これまでお付き合いがなくても、いい提案ができれば、参入する絶好のチャンス**と言える。

そのためには、じっとしていてはいけない。

対面での面談はできなくても、オンラインで商談を進めたり、情報提供や提案活動を積極的に進めることはいくらでもできるはずだ。

まずは国内市場に目を向け、「内需開拓」で生き残る

これからしばらくは、**海外ビジネスはしんどい状況が続く**だろう。

どの国の市場も大きく傷つき、当面は自国内の産業や会社を優先、優遇するようなことも起こりえる。

となれば、**まずは国内市場にいま一度目を向け、しっかりと「内需」を掘り起こしていくことが**必要だ。

幸いにも、日本にはそれなりの規模の内需がいまだに存在する。

これまでは海外市場にばかり目が向いていたが、国内回帰で市場を掘り起こす努力を強化すべきだ。

たとえば、コロナの影響を最も大きく受けた観光業。

インバウンド需要はいっきに「蒸発」してしまったが、それは**26兆円ある日本の観光市場の約2割**にすぎない。

また、これまで海外旅行に出かけていた人たちが、「安近短」を求めて国内旅行に戻ってくる可能性は高い。

「蒸発」してしまった需要を嘆いても、何も始まらない。

目先のビジネスチャンスを真正面から見据え、「しっかり稼ぐ」ことが、いまこそ求められている。

3 ポストコロナの生産性戦略

会社は「不要不急」なものだらけだったことが露呈した——止まったからこそ、いろいろなものが見えてきた

コロナの影響で、多くの企業は操業停止を余儀なくされ、立ち止まらざるをえない状況に追い込まれた。

それによる「需要蒸発」というネガティブインパクトは甚大だが、その一方で、日本企業に長年巣食っていた「問題の真相」があらわになった。

止まると、いろいろなことが見えてくる。動いているときには、見えないものがいっきに顕在化する。

ひとことでいえば、**会社は「不要不急」なものだらけだった**のである。

行く必要のない**「不要な通勤」**、結論の出ない**「不要な会議」**、ただ飲み食いするだけの

「不要な出張」、意味や価値のない**「不要な業務」**、だらだらとオフィスにいつづけるだけの**「不要な残業」**……。

すべてが止まったからこそ、**会社という組織がいかに「不要不急」なものに汚染されているかという「不都合な真実」**があからさまになった。

コロナによって「必要な人」と「不要な人」が顕在化した

そして、それはたんに会議や出張、業務だけにとどまらない。

いざ会社が本格的に再始動するときに、**「本当に必要な人は誰なのか」「本当に役に立つ人は誰なのか」**が明白になる。

逆にいえば、**「不要な人」「役に立たない人」、つまり「いらない人は誰なのか」が白日の下にさらされてしまう。**

世界経済や日本経済が堅調であれば、「不要な人」を救う手だてはあるかもしれない。

しかし、サバイバル戦略において述べたように、中長期的な経済の低迷が予測されるなか、企業が「いらない人」を抱えている余裕などない。

イスラエルの歴史学者ユヴァル・ノア・ハラリ氏が指摘した**「無用者階級」**（useless class）は、いっきに顕在化するだろう[14]。

ただし、その理由は、ハラリ氏が予言したＡＩ（人工知能）によってではなく、コロナによってなのである。

では、コロナ後に生産性を高めるには、いったい何をすればいいのか。

留意すべき３つのポイントを記しておこう。

ポイント1 オンライン化、リモートワークを「デフォルト」にする

私たちは「新たな選択肢」を手に入れた

私たちはコロナによって、在宅勤務を余儀なくされた。

リモートでのオンライン会議、リモートでのオンライン研修、リモートでのオンライン

商談などの経験を強いられることになった。

好むと好まざるとにかかわらず、オンライン化やリモートワークに移行せざるをえない状況に追い込まれたのは、この国にとって**不幸中の幸い**と言える。

実際にやってみることによって、オンライン化やリモートワークのメリットやデメリットを実体験することができた。

パーソル総合研究所が4月上旬に実施した調査によると、テレワークの実施率は27・9％（推定760万人）。

そのうちはじめてテレワークをする人は68・7％だという[15]。

慣れないために、生産性が落ちたり、業務品質が下がったり、ミスコミュニケーションが起きるなどの弊害はもちろん発生する。

しかし、経験を積めば、使い勝手は必ず改善するし、技術も日進月歩で進化するだろう。

また、対面だとなかなか自己主張できなかった人が、オンラインだと堂々と自分の意見を述べることができるなどのオンラインならではのメリットも確認されている。

なにより大事なことは、**業務を行ううえでの「新たな選択肢」を私たちは手に入れた**ことである。これは劇的な変化であり、この幸運を私たちは最大限に活かさなくてはならない。

日立やNTTは、リモートワークを今後も継続

実際、大企業はコロナ収束後もリモートワークを継続する方針を打ち出している。

日立製作所は、国内で働く社員の約7割にあたる約2万3000人を対象に、**週2〜3日の出社でも効率的に働けるよう人事制度を見直す**と発表した。[16]

また、NTTは6月以降も、オフィス勤務者を中心に、**在宅勤務比率を5割以上にする**という。その対象者は、持ち株会社や主要8社の本社勤務者だけでも約5万人にのぼる。[17]

伊藤忠商事のように、生産性の低下などを理由に「原則出社」を打ち出した会社もある。キーエンスも「研究開発や営業など在宅ではできない」と出社を再開した。しかし、ウェブ会議システムの活用や出張・移動によるロス軽減は進めている。[18]

大事なのは、リモートという「新たな選択肢」を活用し、幅広な働き方を認めることだ。ベストセラーとなった『ライフ・シフト』で人生100年時代の生き方を提唱したリンダ・グラットン氏は、「人は一度経験した便利さを手放さない」と指摘し、「早朝や深夜勤務も普通の選択肢になる」と予言する。[19]

コロナがもたらした「新たな選択肢」を、私たちは最大限に活用しなければならない。

オンライン化やリモートワークを、「補助」ではなく「主」と位置付ける

もちろん、すべての業務がオンライン化、リモートワークで対応できるわけではない。**現業部門の仕事の多くは、オンラインやリモートには不向きだったり、不可能**だったりする。

会議についても、自由に意見を述べ合うワイガヤ的なものは、議論が深まらないのでオンラインは向いていない。全体の雰囲気を感じ取りながら、方向性を見定めていくファジーな議論は対面のほうが効果的だ。

しかし、本社や支社・支店における管理の仕事や事務部門の仕事、いわゆる**ホワイトカラー業務の多くは、オンライン化、リモートワークで十分対応可能**だ。

こうした仕事においても、これまではオフィスに行くことや対面で仕事をするというのが唯一絶対の選択肢であり、それが当たり前だった。

しかし、そこにオンライン化、リモートワークという「新たな選択肢」が加わった。

出社するのか、在宅でいいのか。オフラインで行うべきか、オンラインですますか。時と場合によって、賢く使い分けていくことが求められている。

その際に重要なのが、**これからはオンライン化、リモートワークを「デフォルト」（定番）として位置付ける**ことである。

オンライン化やリモートワークで業務を行うのを「主」（基本形）とし、それらが不向きな場合のみ、出社したり対面で行うことにするという「新しい働き方」を私たちは確立しなければならない。

せっかく手に入れた新たな手段が、補助的なもので終わってしまっては、あまりにももったいない。

デジタル化は、オンライン化やリモートワークの前提条件

一方、オンライン化やリモートワークがまったく進んでいない会社も依然として多い。

その最大の理由は、**デジタル化の遅れ**である。

紙の書類、ハンコでの承認などの「昭和の遺物」が残り、これがオンライン化やリモー

トワークを妨げる障壁になってしまっている。

業務がデジタル化されることにより、オンライン化が可能となり、リモートワークができるようになる。**デジタル化はオンライン化、リモートワークを推進する前提条件**なのだ。

「ペーパーレス」「ハンコレス」の動きは、「通勤レス」(オフィスに行く必要がない)、「残業レス」(不要な残業をしない)と連鎖的に効果をもたらす。

「デジタル・トランスフォーメーション」(DX)なくして、コロナ後に生産性を高めることなどできないのだ。

ポイント2 業務の棚卸しをしっかり行う

何を「廃止」するのかをまず決める

「オンライン化」「リモートワーク」という新たな業務遂行手段を手に入れたことは私た

ちにとって朗報であるが、それだけで日本企業の生産性が高まるわけではない。

すでに述べたように、今回のコロナ・ショックで、私たちは会社が「不要不急」なものだらけであることをあらためて認識した。

「手段」を議論する前に、「業務」をしっかりと見直すことが肝要だ。

つまり、**何が「必要な業務」で、何が「不要な業務」なのかを仕分けし、「不要な業務」は「やめる」ことを決める**ことが大切である。

私たちがまず最初にメスを入れなければならないのは、あくまでも業務である。

本来やる必要のない会議を、オンラインで行ったところで意味はない。やるべきことは、会議そのものの「廃止」である。

「廃止」対象は会議だけではない。

廃止すべきサービス、廃止すべき書類や報告書、廃止すべき承認（ハンコ）、廃止すべき手続き……。

本来やらなくていいことを、効率化しようとする努力は不毛である。

一番の解決策は「やめる」ことである。

「不要な業務の廃止」＋「リモートワーク」で、生産性を倍増させる

さらにいえば、オンライン化やリモートワークが普及することによって、「新たな不要な業務」が生まれる可能性もある。

在宅勤務を管理するために、詳細な業務日報を要求したり、不要なメールを連発したり、**「新たな不要なもの」が生まれる可能性が高い**。

オンライン化やリモートワークが機能するためには、ポストコロナを想定した業務上のルールや秩序を確立しなければならない。

不要な業務を30％削減し、業務工数そのものを70％にまで落とす。

そして、さらにオンライン化やリモートワークを賢く使い、業務生産性を30％改善する。

この両方が実現できれば、**生産性をいっきに倍増させることができる**はずだ。

ポイント3 生産性と「幸せ」を両立する「スマートワーク」を実現する

働く人たちが「幸せ」にならなければ意味がない

生産性というと、どうしても経済合理性や効率性の話に終始しがちだが、より重要なのは、**働く人たちが「幸せ」かどうか**である。

毎朝、通勤ラッシュに痛めつけられ、長時間労働を強いられる。

さらに、パワハラやセクハラが横行し、残業後に無理やり飲み会に付き合わされたりしたのでは、とても「幸せな職場」とは言えない。

コロナ以前から、多くの企業でメンタルに問題を抱える社員が増えていた。

全国の労働相談のうち、パワハラを含む「いじめ・嫌がらせ」は、過去最多の約8万3000件（2018年度）にも及ぶ。[20]

ポストコロナにおいては、たんなる生産性の議論ではなく、**働く人たちの「幸せ」が改善されているかどうか**を見ていく必要がある。

リモートワークは「見える化」が難しく、社員が「孤立」しがち

オンライン化やリモートワークが普及・定着すれば、これまで起きていた暗黙裡の強制による残業や、面と向かってのパワハラは減るだろう。

その一方で、**オンライン化やリモートワークならではの「新たないじめ」**も生まれているので、会社としては対応に注意する必要がある。

リモートワークは「見える化」が難しく、社員が「孤立」しがちなので、新たな救済手段を考えなくてはならない。

6月から大企業に、パワハラの防止措置が法的に義務付けられた。中小企業においても、2022年4月から適用されるが、問題はその内容がポストコロナの環境に適合しているかどうかだ。

私たちはコロナ・ショックを機に、なんとしてでも**「スマートワーク」**を実現しなければ

ばならない。

ただたんに生産性が高いだけでなく、働く人が心から「幸せ」を感じられるような健全な労働環境をつくり出すことが、生産性戦略の最大の目的である。

4 ポストコロナの成長戦略

新たな「インキュベーション・プラットフォーム」を確立する

サバイバル戦略で述べたように、当面私たちは既存事業を中心に「しっかり稼ぐ」ことに力を注がなくてはならない。

しかし、「70％エコノミー」を前提とした縮んだ経営をするだけでは、会社の未来はジリ貧である。これまで展開してきた事業にしがみついたままでは、未来の展望はまったく見えてこない。

足元を固める一方で、私たちは新たな可能性を積極的に模索し、早期に新たな成長エンジンを確立しなければならない。

近年、多くの経営者が**「両利きの経営」**という言葉を打ち出している。**「既存事業の深耕」**と**「新規事業の探索」**の両軸を同時並行的に進めるという戦略である[21]。

多くの日本企業は「既存事業の深耕」には熱心だったが、「新規事業の探索」をうまく進めてきた企業は稀である。

その理由のひとつとして、野中郁次郎先生（一橋大学名誉教授）が指摘する**「オーバーアナリシス」「オーバープランニング」「オーバーコンプライアンス」**があげられる。**「過剰な分析」「過剰な計画づくり」「過剰な法律的縛り」という「3つの過剰」**が、起業家精神を減退させ、過度にリスクを回避する動きにつながってしまっている。

コロナ後に同じ轍を踏んだのでは、新たな成長エンジンの育成は困難である。

「3つの過剰」を排除し、時代が求めるユニークかつ地に足の着いた発想による成長エンジンの構築を推進する「インキュベーション・プラットフォーム」を確立しなくてはならない。

そのための3つのポイントを見ていきたい。

ポイント1 本体から切り出し、社長直轄とする

「アジャイル方式」で新規事業を育てる

せっかく新規事業の面白いアイデアが出ても、社内で揉むうちに、数々のリスクが指摘され、途中で頓挫したり、角がとれたつまらない案に行き着いてしまいがちだ。

コロナ後にそんなことを繰り返したのでは、いつまでたっても新たな成長エンジンは育たない。

新規事業の面白いアイデアが固まったら、まずはやってみることが肝心だ。

戦略や計画を綿密に立て、リスク分析を行い、リスクを回避したうえで実行に移すなど

というこれまでのやり方では、未来を担うビジネスが生まれるはずもない。

私が社外取締役を務めているマザーハウスでは、緊急事態宣言が発動されているわずか2カ月のあいだに、いくつもの新規事業のアイデアが生まれ、事業化の実現に向けて動きはじめている。

本業であるバッグやジュエリーなどの製造・小売りの仕事は一時完全にストップしてしまったが、既存事業に頼らない新たなビジネスモデルの検討が進んでいる。この機敏さ、したたかさを、私たちは見習わなければならない。

計画は粗々でも、「筋のいい初期仮説」が見つかったら、すぐに実行に移す。そして、やりながら戦略や計画を軌道修正させていき、「いける」と判断したら思い切って投資する。

こうした**「アジャイル（素早く機敏な）方式」での新規事業育成**が不可欠だ。

大企業でもダイナミックに成長戦略を進めている会社はある。SOMPOホールディングスは6月19日に米国のデータ解析大手のパランティア・テクノロジーズに5億ドル（約540億円）出資すると発表した。

パランティアはビッグデータの解析に強みをもつ世界有数のユニコーン企業である。

ＳＯＭＰＯは同社への巨額の出資で、データビジネスの事業化を加速させようとしている。

大事なのは、**先見性の高いアイデア・クリエーションと、強引にでも前に進めていく力強さ**である。

社内に積極果敢な「起業家精神」の気風を取り戻す

「アジャイル方式」を推進するには、それに見合う体制がいる。

余計な雑音を排除し、守旧派たちから守るためには、**本体から切り出し、別会社にし、社長直轄で新事業の育成を進める**べきである。

その際には、数が大切である。

ひとつやふたつやったところで物にはならない。10、20と新会社をつくり、とにかくやらせてみることが肝心だ。

もちろんうまくいかないことも多いだろう。

うまくいかないと判断すれば、別会社はすぐに畳めばいい。せっかくつくったからといって、「箱」に固執してはいけない。

大事なのは、**社内に積極果敢な「起業家精神」の気風を回復させる**ことである。たとえ小さな成功事例でも、それを社内に広く告知し、チャレンジする文化を醸成させなければならない。

ポイント2 若手をリーダーに抜擢する

いま必要なのは「新たなレールを敷く」人間――若い力に賭ける

別会社のリーダー（社長）には、思い切って若手を抜擢することが望ましい。年齢制限など無用だ。20代でも、30代でもかまわない。

面白いアイデアと情熱をもつ人間が、自らの手でそれを形にしていくのが、インキュベーションの醍醐味だ。

人間には2つのタイプがある。

「新たなレールを敷く」人間と、「誰かが敷いたレールの上を走る」人間だ。**いま求められているのは、間違いなく「新たなレールを敷く」人間**である。

「新たなレールを敷く」人間に、年齢や性別、国籍は関係ない。もちろん、年配の人でも起業家精神に溢れる人材はいる。

しかし、いまこそ未来に責任をもつ若い世代が、力を発揮すべきときだ。

過去にとらわれない新しい発想こそが、いま求められている。

新たな事業化の方法論を確立する

私が若手に期待するのは、**新規事業を育成する「新たな方法論」**である。

デジタル化が進み、オンライン化やリモートワークがデフォルトになるなかで、若い人たちにはこれまでの常識に縛られないユニークな手法、アプローチで新規事業の可能性を追求してもらいたい。

日本という国が抱えるさまざまな社会的課題は、大きなビジネスチャンスでもある。

それを事業という形に変換するには、ひとつの会社が単独で取り組んでも大きなうねりにはなりにくい。

内製主義や自己完結主義から脱し、外部の会社や人材と有機的なエコシステムを確立し、社内だけでなく社外の知見も活かしながら、オープンイノベーションを進めていく。

そのためには、**デジタルネイティブの若手がリーダー役を務める**のが望ましい。

ポイント3 M&Aで時間を買う

有事のいまこそ、M&Aを活用する

自前で新規事業を育てる努力は必要だが、それだけでは新たな成長の柱は見出せない。コロナ後のいまこそ、M&Aを駆使して新たな領域への参入を検討すべきである。

日本企業も以前と比べると、M&Aに対する抵抗感は薄れてきた。戦略を推進するひとつの「手段」としてM&Aを位置付けている会社も多い。

しかし、**コロナ後においては、より積極的にM&Aを検討すべきだ。**

既存事業の強化のみならず、新規事業の展開においても、M&Aが大きなエンジンになりうる。

たとえばAGCは、英国の製薬会社アストラゼネカから米国にあるバイオ医薬品の原薬製造工場を買収すると発表した。今後、この工場を新型コロナウイルス治療薬の受託生産拠点にすることも視野に入れている[22]。

M&Aの最大の価値は、「時間を買う」ことである。

せっかくのビジネスチャンスがあっても、ゼロから育てていたのでは、スピード感に乏しい。

チャンスは待ってくれない。

有事のいまこそ、M&Aを駆使して、新たな分野への参入を試みるべきである。

「PMI」（買収後の統合マネジメント）が成否を分ける

言うまでもなく、M&Aは「買っておしまい」ではない。

買収後の統合マネジメント、つまり「PMI」（Post Merger Integration）が成否を分ける。

私が社外取締役を務めるSOMPOホールディングスは、M&Aを駆使してまったくの新規分野である介護事業に参入した。

ワタミの介護をはじめ、複数の会社を買収し、わずか1年でSOMPOケアという会社へと統合し、大きな成果を上げている。

SOMPOは介護事業という新たな事業の柱を手に入れただけでなく、その経験を通じて「PMI」というケイパビリティ（組織能力）を手に入れたのである。

資金さえあれば、誰でも会社を買うことはできる。

しかし、**その成否は「PMI」を着実に遂行できるケイパビリティ（組織能力）が備わっているかどうか**にかかっている。

5 ポストコロナの人材戦略

不透明な時代に必要なのは「個の突破力」

コロナ後の経営戦略において**最も重要な柱は、間違いなく人材戦略**である。

日本企業は昭和、平成と続いた「人材についての考え方」を根本から変えなくてはならない。

日本企業の高度成長を支えた終身雇用や年功序列、新卒一括採用といった考え方は、もはや通用しないばかりか、会社の競争力を削ぐものになってしまっている。

コロナ後に日本企業が再生できるかどうかは、すべて人材にかかっている。**有能な人材を確保し、活用できる会社だけが生き残る。**

安定し、先が読める環境であれば、集団行動は機能する。みんながひとつにまとまり、一緒に汗をかけば結果につながる。

しかし、**先が読めない不透明な時代に必要なのは、「個の突破力」**である。卓越した個の直感や抜きんでた行動力が会社を救う。

日本でも、人材の流動性は間違いなく高まっていく。**とくに有能な人材ほど、ひとつの会社にしがみつくことはしない。**

コロナ後に求められる人材戦略の3つのポイントを紹介したい。

ポイント1 ハイブリッドの人事制度で対応する

「両利きの経営」に即した人事制度が求められている

前述したように、日本企業は「両利きの経営」が求められている。「既存事業の深耕」と「新規事業の探索」を同時に進めなくてはならない。

しかし、この二軸をひとつの人材戦略、人事制度でカバーするのは難しい。**チャレンジ**

の難易度や求められる人材の質が、大きく異なるからである。

日本企業の「新規事業の探索」がこれまでうまく進まなかった理由のひとつは、それに向いた人材を手当てしてこなかったことにある。

「既存事業の深耕」が得意な人間を「新規事業の探索」に振り向けても、結果にはつながらない。

「新たなレールを敷く」ことのできる人材と、「誰かが敷いたレールの上を走る」人材を、ひとつの制度や仕組みで処遇しようとすること自体に無理があるのだ。

市場価値が高い人は、報酬が高くても、会社にとってリスクは小さい

「新たなレールを敷く」ことができる人材は、市場価値が高い。多くの企業がそうした希少人材を求めている。

彼ら・彼女らは組織に隷属はしない。自分を高め、活かせる「機会」があれば、喜んでチャレンジする。

こうした人材を確保し、処遇するためには、既存の人事制度では限界がある。市場価値

にもとづく新たな人事制度をつくり、既存の制度と両立するハイブリッドの仕組みが求められている。

彼ら・彼女らの多くは年俸制の報酬である。そして、成功報酬の割合も高い。

総額は高く見えても、会社にとってのリスクはそれほど高くない。

逆に、報酬水準はそれほど高くなくても、**一生面倒を見なければならず、どれほどのリターンがあるかもわからない「正社員」を多数抱えるほうが、会社にとってはよほどリスク**である。

地方や中堅・中小の会社こそ外部人材を登用せよ

「有能な人材を外部から採用せよ」と提言すると、「それは大企業だからできるんだ。地方の会社や中堅・中小企業は無理」という反論が必ず上がる。

しかし、それも「過去の常識」にしなければならない。

たとえば、連邦国家であるドイツには、地方に魅力的な中堅・中小企業が多数存在するが、こうした企業は有能な社員を採用することができている。

その理由のひとつは、**有能な人材には大企業と遜色のない報酬を支払っているから**である。競争の激しい大企業よりも、地域に根差しながら独自性の高い経営をしている中堅・中小企業に魅力を感じるドイツ人は多い。

オンライン化やリモートワークが広がれば、地方のハンディキャップは大きく軽減される。UターンやIターンを望む人も増えていくだろう。

だからこそ、**地方や中堅・中小の会社こそ大手と同等、もしくはそれ以上の報酬を支払ってでも、有能な人材を獲得すべき**なのである。

ポストコロナの人材戦略

ポイント2 「ミッションありき、結果志向」へシフトする

「ミッション」で組織を動かす

ポストコロナの組織運営においてなにより大事なのは、**一人ひとりの社員に与える**

「ミッション」（使命）を明確にすることである。

会社が苦境を乗り越え、新たな成長を実現するためには、どのような「ミッション」を遂行しなければならないのかを、社員全員が自覚し、実践しなければならない。

平時のときは、「ミッション」など意識しなくても、会社はなんとか回る。**自分に与えられた目の前の「タスク」（任務）**だけをやっていれば、それなりにやっていける。

しかし、**有事はそういうわけにはいかない**。

組織の上から下までが、自分に与えられた「ミッション」を自覚し、日々実践に努めなければならない。

もちろん、「ミッション」の大きさや難易度は組織階層によって異なる。

経営者が掲げる大きな「ミッション」を実現するために、それぞれの階層、役割に応じて「ミッション」がブレークダウンされなければならない。

「ミッション」で組織を動かすのが、ポストコロナの組織運営の鉄則である。

図表3 ◆ 「ミッション×リザルト」に基づく人材評価

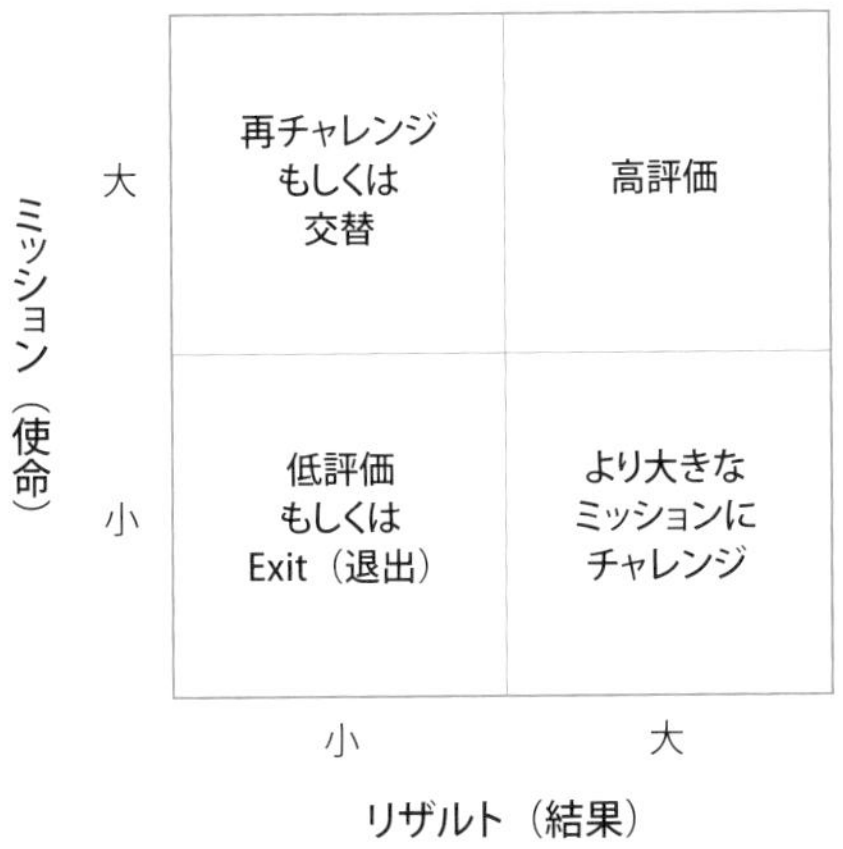

「ミッション」（使命）と「リザルト」（結果）の大小で評価する

私が社外取締役を務めているSOMPOホールディングスは、**「ミッション（使命）ありき、リザルト（結果）志向」**（Mission Driven, Result Oriented）の人事制度で組織文化を変えようとしている。

現在は、役員クラスから始めている。

役員の報酬は、個々に与えられた「ミッション」（使命）の大きさ、そして「リザルト」（結果）の大きさのマトリクスによって決まる（図表3）。

SOMPOホールディングスは「安心・

安全・健康のテーマパーク」をグループ全体のビジョンとして掲げている。

そのビジョンを実現するために、それぞれの役員はどのような「ミッション」を果たすべきなのかを、毎年度のはじめに上長としっかり議論し、定める。

そして、年度末に「リザルト」についても客観的な評価を行う。その際は、定量的な評価だけでなく、定性的なものも加味する。

大事なのは、**一人ひとりが目先の「タスク」ではなく、「ミッション」を意識しながら日々の仕事を行う**ことである。

ポイント3 現場力を支える「ナレッジワーカー」の評価を高める

現場力の重要性はますます高まる
——「ナレッジワーカー」は代替性の低い、会社の財産

ポストコロナにおいても、現場力の重要性は変わらない。いや、むしろ高まると言っても過言ではない。

平時においては、並の現場力でも、なんとか持ちこたえられる。しかし、有事においては、**現場力の高い会社でなければ生き残ることは難しい。**

現場力を支えるのは、**「ナレッジワーカー」（知識労働者）**である。

現場での仕事に従事しながらも、知恵を出し、創意工夫をしながら、粘り強く改善に取り組む。

こうした泥臭い取り組みがあるからこそ、コストダウンや品質、サービスの改善が実現

される。日本企業の競争力の源泉が現場力であることは、ポストコロナにおいても変わることはない。

一方、決められたことしかできない**「マニュアルワーカー」の価値は、さらに小さくなるだろう**。その多くは、今後ロボットやＡＩなどによって代替されていく。

「ナレッジワーカー」は代替性の低い、会社の財産である。

ロボットやＡＩが代替することができない「ナレッジワーカー」に対する評価を高め、報酬を高めていくことが不可欠である。

「デジタルの民主化」で現場力を強化する

ポストコロナにおいて、デジタル化は待ったなしの状況だ。

デジタル化や自動化、ロボット化で現業部門の効率化をいっそう進めなくてはならない。その際に大事なのが、**現業部門主導で業務改革を進める**ことである。デジタルはそのための「武器」にすぎない。

デジタルを「武器」として、現場自らが新たな業務のあり方を模索し、試行錯誤しながら、効率化や生産性の向上を進める。

これこそが**「デジタルの民主化」**である。

日本企業はこれまでにも「OA」(Office Automation)や「BPR」(Business Process Re-engineering)などによって業務改革を進めてきた。しかし、それらの多くは、本社主導のトップダウンであり、根付いていない会社が多い。

ポストコロナにおいては、**現場自らがデジタルを「武器」に大胆かつダイナミックな業務改革を進めるべき**である。

そして、**そこで得られた成果は、現場部門の報酬として正当に反映させるべき**である。

現場で知恵を出しながら踏ん張る「ナレッジワーカー」よりも、本社に巣食う「働かないおじさん」たちのほうが報酬が多いという誰もが感じる矛盾を、私たちはいまこそ解消しなければならない。

第3章

コロナ後に、「仕事」はどのように変わるのか

1

「食える仕事」「食えない仕事」とは何か

今回は「一時的な失業者の増加」ではすまない

コロナ以前から、ＡＩ（人工知能）やロボットなどの先進テクノロジーの進展によって多くの職業、仕事が消えてなくなり、その結果、大量失業をもたらすという議論がさかんに行われていた。

オックスフォード大学のオズボーン准教授らは、７０２の職種を対象にコンピュータへの「代替性」を検証し、**「47%の職種がコンピュータに置き換わる可能性が高い」**と発表した。[23]

こうしたトレンドを私たちは頭では理解していたが、「それが起きるのはもう少し先だろう」と勝手に思い込んでもいた。「経済がとりあえず回っていれば、これまでの仕事がいっきになくなることはない」と楽観的に考えていた。

そこに、コロナ・ショックが突如起きた。

世界中の経済活動は、ほぼ全面的にストップした。

とんでもない規模の**「需要蒸発」**が発生し、それは大量の**「仕事蒸発」**を引き起こしている。世界中で、大量の失業者が街に溢れ返る状態になり始めている。

通常の不況であれば、経済がある程度回復すれば、雇用も戻る。

しかし、**今回は「一時的な失業者の増加」ではすまない**だろう。

たとえ需要がある程度回復するとしても、いったん消えた仕事が元に戻る可能性は低いと考えざるをえない。

これが事態を深刻化させる。

「蒸発した仕事」は元に戻らない

経営者の視点から見れば、いつまた起きるか予測できない「第二波」を想定し、また「縮む経済」に対応するには、できるだけ人を抱え込まずに、スリムな状態にしておきたいと考えるのは当然のことである。

また、テクノロジーによって代替できるのであれば、この機にいっきに機械化、ＩＴ化を進めようとする機運は高まるだろう。

つまり、**コロナによって「蒸発した仕事」は消えたままになり、コロナ前の状態に戻るとは考えにくい**のである。

「アマチュア」は消え、「プロ」は引く手あまたに

テクノロジーの進展とコロナ・ショックが掛け合わされることによって、消えていく職業、職種は、間違いなく増えていく。

しかし、この現象を職業や職種の視点からだけ見ていると、落とし穴にはまる。

忘れてはいけないもうひとつの大事な視点は「個人差」、つまり「個が生み出す付加価値の大きさ」である。

衰退していく職業であっても、「特別な付加価値を生み出すことができる人」であれば、間違いなく生き残るだろう。

たとえば、ＡＩによって公認会計士という職業が大きな影響を受けるのは必至である。

公認会計士が行う仕事の多くは、ＡＩによって代替される可能性が高い。

しかし、だからといって、すべての公認会計士が不要になるかといえば、そんなことはありえない。ＡＩでは代替できない高い付加価値を提供することができる公認会計士は、逆にその存在感を高めるだろう。

つまり、「アマチュアレベルの公認会計士」はお払い箱になるが、「プロの公認会計士」は引く手あまたの存在になりうる。

大事なのは、**「どの職業がテクノロジーによって淘汰されるか」**ではなく、**「その職業に従事する一人ひとりがプロなのか、アマなのか」**ということだ。**それによって淘汰されるかどうかの命運が分かれる。**

アマチュアは消えていき、プロはのし上がっていく。

コロナ後においては、**「プロ化」という現象がビジネス社会で確実に広がっていく。**

「食える人」と「食えない人」の差は何か
――「代替可能性」と「付加価値の大きさ」の二軸で分類できる

コロナ後において「食える人」と「食えない人」の差を読み解くには、**「テクノロジーによる職業の代替可能性」と「人が生み出す付加価値の大きさ」**（プロvsアマ）の二軸で整理するとわかりやすいだろう（図表4）。

この分類にもとづくと、ポストコロナの人材は、次の4つに分類される。

①「代替可能性」が低い職業で「付加価値」が高い（プロ）人材→スター
②「代替可能性」が高い職業で「付加価値」が高い（プロ）人材→サバイバー
③「代替可能性」が低い職業で「付加価値」が低い（アマ）人材→コモディティ
④「代替可能性」が高い職業で「付加価値」が低い（アマ）人材→ユースレス

たとえば、ＡＩという先端技術に精通する高度技術者は、少なくともこれからしばらく

図表4◆ポストコロナの人材区分

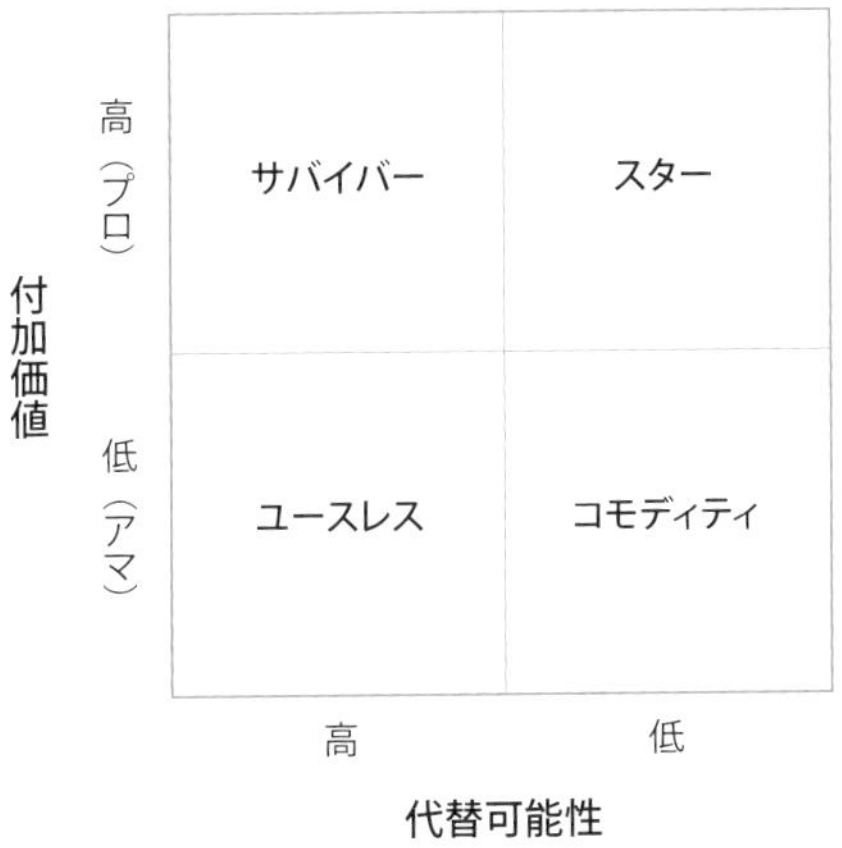

は間違いなく**「スター」**である。

私が行っている経営コンサルタントという職業は、公認会計士同様、ＡＩの影響を受けるだろう。しかし、ＡＩには提供できない付加価値の高いサービスを提供できれば、**「サバイバー」**としてやっていけるだろう。

ＡＩなどの先端テクノロジーに絡んでいても、並みの技術や経験しかなければ、**「コモディティ」**として生き延びていくのがやっとかもしれない。

そして、運転という仕事に従事している人は、自動運転が普及すれば**「ユースレス」**になってしまうだろう。

「スター」と「サバイバー」は、間違いなく「食える人」
──「コモディティ」はなんとか食える、
「ユースレス」は消えるか、きわめて低賃金に

「スター」と「サバイバー」は、間違いなく「食える人」である。

「コモディティ」は、なんとか飯にありつけはするが、安泰とは言えない。

そして、「ユースレス」は淘汰され、消えていくか、きわめて低賃金に甘んじるしかない。

コロナ後においては、**「どの職業に就くか」はもちろん大事だが、それ以上に「付加価値の高いプロ人材になりえるか」**どうかが、**キャリア上の成否を決める**といっても過言ではない。

2 「プロフェッショナルの時代」がやってくる

「新たなレール」を敷き、「新たな車両」を造る人が求められている
――真面目に働けば、みんなが豊かになった時代は遠い昔の話

日本のビジネス社会で「プロ化」が進む理由は、コロナ・ショックやテクノロジーの進展ばかりではない。

日本企業の多くが、「プロフェッショナル」を求めているのである。

コロナ以前から、昭和の高度成長を背景にした成長モデルが通用しないことは、みんなわかっていた。**みんなで汗水たらして真面目に働けば、みんなが豊かになった時代は遠い昔の話**だ。

平成の時代において、その経営モデルが軋みはじめたが、多くの日本企業は昭和の成長モデルを引きずったまま、大胆に変えようとはしなかった。

昭和の時代につくったレールは錆びつき、車両はボロボロになった。

それでも、ほとんどの人たちは、そのレールや車両にしがみつき、離れようとしなかった。

いまこそ、**「昭和のモデル」をぶっ壊し、「新たなモデル」にシフトしなければ、会社そのものがもたない**ほど、日本企業は窮地に追い込まれている。

大変革期のいま、安定志向でリスクをとらない「寄らば大樹」型の人間など、何の役にも立たない。

グーグルやメリルリンチ日本証券、SAPなどから積極的に外部人材の幹部登用を進めるパナソニックの津賀一宏社長は、こう語っている。

「既存の人は既存のことしか考えられない。ビジネスモデルが議論できる人にきてもらう」

企業が求めているのは、**「新たなレール」を敷き、「新たな車両」を造ることができる先見性と行動力、リーダーシップが備わっている人**である。

「人が生み出す価値には歴然とした差がある」という現実を認める

ポストコロナの大変革に必要なのは、**「新たな価値の創造」**（Innovation）と**「効率性の飛躍的向上」**（Efficiency）の両輪である。

過去の延長線上にない不連続の「新たな価値の創造」と「効率性の飛躍的向上」の両方を早期に実現できなければ、日本企業はコロナとともに沈むだけである。

「プロフェッショナル」とは、新たなレールを敷き、新たな車両を造る人たちのことである。そうした野心とエネルギーと高度専門性をもつ人たちこそが、いま求められているのである。

「プロ化するビジネス社会」とは、**「人が生み出す価値には歴然とした差がある」という現実を認める社会**のことである。

未開の荒野を開墾し、「新たなレール」を敷く人と、「誰かが敷いたレール」の上を走るだけの人の処遇や報酬に大きな差がなければ、誰も「新たなレール」を敷こうとはしない。

数千万円の報酬で「プロフェッショナル」を確保する

「プロ化」の動きが最も顕著なのがIT業界である。

先端技術に精通した高度専門家を確保することができなければ、ITを駆使した新たなビジネスモデルの設計、構築ができない。

たとえば、テンセント傘下の研究機関がまとめた「AI人材白書」によると、世界の企業が求めているAI人材は約100万人。

それに対し、実際に活動している専門家は30万人ほど。70万人もの人材不足が露呈している。

大きな需給ギャップがあるなかで、グーグルやアップルなど海外のIT企業は高額の報酬で優秀な頭脳を集めようとしている。

コロナ前のシリコンバレーではトップ技術者の報酬が1億円を超えるケースは珍しくなかったが、**コロナ後においても報酬水準は下がっていない**という。

海外のIT企業の動きに追随するのに及び腰だった日本のIT企業も、ここにきてようやく重い腰を上げはじめた。

富士通やNTTドコモは、年齢に関係なく年収3000万～4000万円を支払える制度を開始した。

もちろん、「プロフェッショナル」を採用するために必要なのは、報酬だけではない。**高度専門職にふさわしいポスト、待遇、権限、環境**が与えられなければ、彼ら・彼女らは日本企業にはなびかないだろう。

さらには、採用だけではなく、「プロフェッショナル」をどうリテンション（つなぎとめる）できるかどうかも大きな課題である。

「プロフェッショナル」は、新たな「機会」を求めて、流動するのが基本である。

魅力的な「機会」を提供しつづけることができなければ、「プロフェッショナル」を継続的に経営に活かすことは困難である。

トヨタは、採用の5割を中途採用に

こうした動きは、コロナ・ショックによって、より加速するだろう。

新たな事業、ビジネスモデルの構築がこれまで以上に急がれるので、人材の採用に躊躇している暇はない。

それによって、昭和以来続いてきた日本の雇用慣行や人事制度は、これから大きく変わっていく。

トヨタ自動車は2019年度、**総合職の採用に占める中途採用の割合を2018年度の1割から3割へと引き上げ、中長期的に5割にする**と明かした。

自動運転など次世代技術に対応するためには、外部人材を積極的に採用し、個人の能力に応じた賃金制度を導入するなど、従来型の雇用慣行を抜本的に見直そうとしている。

トヨタの自動運転技術の開発子会社は、2019年、約1000人が入るオフィスを東京・日本橋に開設した。

この会社が新たに採用する社員の半数以上は、日本国外から入社するという。

トヨタが外部人材の採用を強化すれば、それはドミノ倒しのように波及する。

トヨタに人材をとられた会社は、その穴を埋めるためにほかの会社から引き抜かざるをえなくなる。そして、**日本における人材流動化は、急速に高まっていく**だろう。

これまでの新卒一括採用といった一律平均主義、横並び主義の人材戦略のままでは、日本企業はコロナ後の世界を生き残っていけない。日本企業の経営トップの多くは、それほどの切迫感を感じている。

好むと好まざるとにかかわらず、日本企業は広く門戸を開き、外部人材に対する「受容性」を高めていかざるをえない。

内弁慶の人材戦略、人事制度のままでは、競争力を高めることはできないのだ。

終身雇用は消滅するのか?
──「去っても地獄、しがみついても地獄」という冬の時代が到来

日本の大企業の外部人材に対する「受容性」は大きく高まりつつある。

私がこの6月まで会長として在籍していたローランド・ベルガーの退職者の転職先を見ても、それはわかる。

これまでは、ほかのコンサルティング会社、外資系企業、ベンチャー企業などに転職するケースがほとんどだったが、最近では日立や資生堂など日本の大手企業に入社する人が増えている。

日本における「プロフェッショナル」の流動性は、今後10年間で間違いなく高まっていく。そして、それは終身雇用、年功序列、一括採用などの慣行を大きく変えていくだろう。

一方、**市場価値の低い人にとっては、とてつもなく厳しい時代**になる。大企業に入社できれば一生安泰などというのは、まったくの幻想になる。

日本自動車工業会の豊田章男会長（トヨタ自動車社長）は、コロナ以前に日本型雇用の限界について、こう語った。[24]

「雇用を続ける企業などへのインセンティブがもう少し出てこないと、なかなか終身雇用を守っていくのは難しい局面に入ってきた」

「あのトヨタですら終身雇用を維持するのは難しいのか……」と産業界には激震が走ったが、コロナによってその動きに拍車がかかるのは間違いない。

いま勤めている会社にしがみつくにしても、出世コースから外れれば、報酬は間違いなく大きくダウンする。

「去っても地獄、しがみついても地獄」という冬の時代が到来する。

自分の「腕一本」でのし上がっていくしかない

「プロ化するビジネス社会」という変化を働く側の目線で見れば、**実力主義社会を生き抜くための真の力**をつけるしかない。

ビジネスの世界で成功を求めるのであれば、自分の「腕一本」で熾烈な競争をのし上がっていく「プロフェッショナル」としての気概と能力と努力が不可欠だ。

サッカー元日本代表の三浦知良選手は、こう語っている。[25]

「2部や3部では『練習環境を良くしてほしい』といった声をよく聞く。でもね、自分が上にいかない限り、環境なんて良くならないんだ。（中略）環境を改善してもらうのを夢見るより、自分でその環境へいく。生き残りたいなら、今いる場所を出てでも、上がれるだけ上がらないとね」

この言葉に**「プロフェッショナル」の本質**が凝縮されている。

同じJリーグでプレイしていても、J1とJ2、J3では平均年俸で5倍以上の差がある。

海外リーグのトッププレイヤーと比較すれば、その差は数十倍～100倍以上にもなる。

勝ち残りたいと思うのであれば、上を目指すしかない。

ビジネスパーソンにも同様の心構えが必要になってくる。

居酒屋で同僚たちと愚痴や不満をこぼし合ったところで、何も変わりはしない。

自分の人生を変えるのは、自分しかいない。

「プロ」として勝ち残るための5つのパラダイムシフト

「プロ」として勝ち残っていくための第一歩は、**身体に染みついたサラリーマン根性を捨て去る**ことである。

「アマ」から「プロ」へ転換するには、**パラダイムシフト（発想転換）が不可欠**だ。

「自分の腕一本で生きていく」を実践するための新たなパラダイムを5つ紹介したい。

「アマ」から「プロ」へ転換する

パラダイムシフト 1
「社内価値」ではなく、「市場価値」で勝負する

これまでのビジネスパーソンの大半は、会社のなかで役に立つ、会社に貢献する人間になることを目指した。社内で評価され、認められれば、出世の階段を駆け上がり、給料も上がる。人材評価の軸は、常に「社内価値」だった。

しかし、**「プロ」は「社内価値」ではなく、「市場価値」にこだわる。**

社内のみに通用する能力に依存するのではなく、より普遍的な能力、経験値を高めることができれば、自分を活かす場はいくらでも広がる。

「アマ」から「プロ」へ転換する

パラダイムシフト 2
「プロセス」ではなく、「結果」にこだわる

「プロ」とは「仕事人」である。

自分に課せられたミッション、役割を確実に遂行することを期待されて、「プロ」とし

ての扱い、処遇を受ける。

だから、**「プロ」にとっては「結果」がすべて**である。

一回一回が真剣勝負だ。気を抜くことなどできない。

たとえどんなに「プロセス」が適切だったとしても、「結果」を伴うことができなければ、「プロ失格」の烙印を押される。

パラダイムシフト3 「相対」ではなく、「絶対」を目指す

最も価値の高い「プロ」とは、唯一無二の「絶対価値」を生み出すことができる人材である。

「代替性のない」(irreplaceable)の人材こそが、究極の「プロ」である。

他者との相対比較のなかで己を磨くのではなく、「自分にしかできない何か」を追求し、絶対的な存在を目指す。

そのためには、自分の強み・弱み、長所・短所を冷静に分析し、何を磨くのか、何を伸

ばすのかを戦略的に見極めることが必要だ。
己を知ることが、「プロ」への第一歩である。

「アマ」から「プロ」へ転換する

パラダイムシフト4 「他律」ではなく、「自律」で行動する

「プロ」に上司は必要ない。

「上司」がいるとすれば、それは自分自身である。

真のプロフェッショナルチームは、共通のゴールや大きな方針、最低限のルールしか設定しない。**過剰なルールや縛りが「プロ」のやる気や創造性を毀損する**ことを知っているからである。

「プロ」は他者の命令や指図で動くのではなく、あくまでも自分自身の主体性で判断し、行動する。

それができない者は、どんなに優れた才能を持ち合わせていたとしても、所詮「アマ」である。

パラダイムシフト5
「アンコントローラブル」は捨て、「コントローラブル」に集中する

「プロ」にとって悲観的な状況とは、コントロール可能なものがひとつもない状況のことである。

自分でコントロール可能な変数（controllable）が存在する限りは、けっして諦めず、常に楽観的に物事を考える。

自分がコントロールできるものは何かを探し出し、そこに集中し、突破口を見出そうとする。コントロールできないもの（uncontrollable）に固執したり、嘆いたりはしない。

真の「プロ」は一瞬で大きく流れを変えることができる。

それは何が「コントロール可能」で、何が「アンコントローラブル」なのかを見抜き、コントロール可能なものに専念するからである。

3 「プロ化するビジネス社会」で生き残るための処方箋

あなたはいったい何の「プロ」なのか？

とはいえ、いきなり「プロを目指せ」と言われても、戸惑う人も多いだろう。「自分には何の専門性もない」「どうやってプロになるのかわからない……」などの不安や疑問をもつ人がいて当然だ。

日本の大企業では、数年ごとに部署を異動し、ひととおりの経験を積む「ジェネラリスト」指向が強かった。

こうしたローテーション人事は、いろいろな経験は積むものの、何のスペシャリティもない**「中途半端なジェネラリスト」**を大量に生み出した。

きわめて同質的な「中途半端なジェネラリスト」の大集団から、才能と運に恵まれたごく一部の人間が役員として登用された。

図表5◆これまでの人材構造

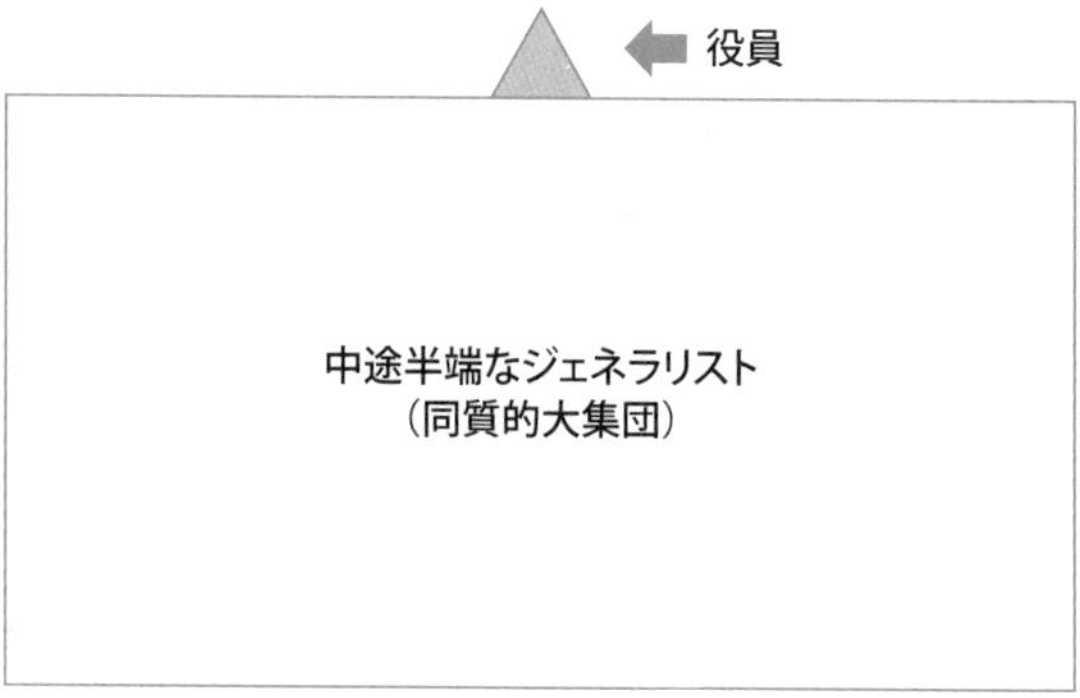

それが、昭和の時代につくられた典型的な日本の経営モデルだった（図表5）。

しかし、コロナ後の大変革時に、「中途半端なジェネラリスト」が山ほどいても、会社にとっては何の役にも立たない。

あなたはいったい何の「プロ」なのだろうか？

何のプロを目指すべきなのだろうか？

いまこそ自分自身に問いかけなければならない。

「プロフェッショナル」の定義

しかし、「プロフェッショナル」という言葉を、あまり小難しく考える必要はない。

図表6 ◆ ポストコロナの人材構造

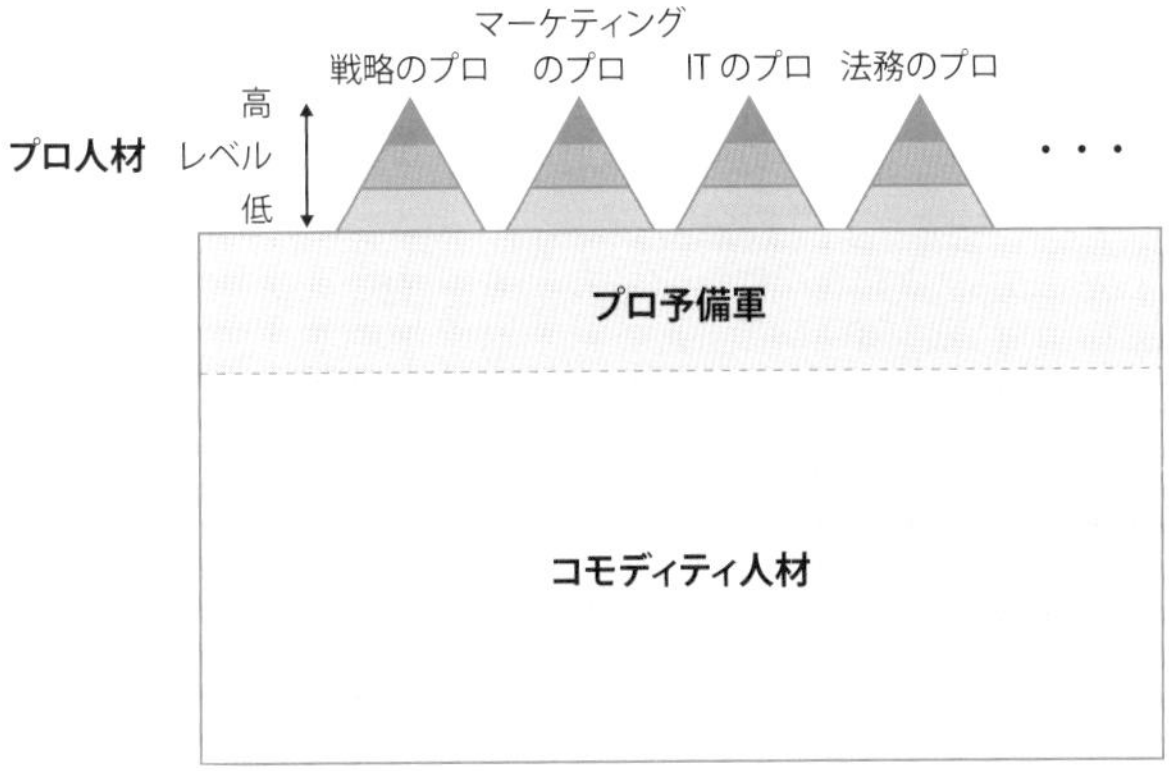

自分が得意な分野、自分が興味ある分野、自分が経験を積んできた分野において、**ほかの人たちを凌駕する卓越した知見、スキル、実績をもつ人材こそが「プロフェッショナル」**である。

これからの経営においては、さまざまな分野、領域で「プロ」が求められる。

「戦略のプロ」「マーケティングのプロ」「ITのプロ」「AIのプロ」「デジタルのプロ」「M&Aのプロ」「法務のプロ」「監査のプロ」など、高度専門性を磨かなければ、会社の中で力を発揮し、認められることはない。

そして、ビジネスの「プロ」の世界においても、サッカーと同じようにJ3、J2、

J1、そして海外のトップリーグというように、**「プロ」としての階層が存在する。**

「プロ」として活躍したいのであれば、より上位のリーグを目指し、のし上がっていかなければならない（図表6）。

「プロ」かどうかを決めるのは、あくまで市場であり顧客——高度専門性があっても、欲する会社がなければ、ただの「オタク」

私の身近なところにも「この人はプロだ！」と思う人は何人もいる。

たとえば、立ち上げ時のローランド・ベルガーで活躍してくれた足立光さんは**「マーケティングのプロ」**である。

P&Gでマーケティングの基本を身につけ、日本マクドナルドの上席執行役員マーケティング本部長として、事業の立て直しに辣腕をふるった。消費財のみならず、あらゆる分野におけるマーケティングに精通している。

ユニクロなどを展開するファーストリテイリングで20年以上CIOを務めた岡田章二さんは**「CIOのプロ」**である。

ユニクロの成長過程でさまざまな情報基盤の整備、活用を経験し、現在はＩＴコンサルティング会社の社長として活躍している。

早稲田大学ラグビー部監督として2度の日本一を経験した中竹竜二さんは**「コーチングのプロ」**である。日本ラグビーフットボール協会のコーチングディレクターとして「コーチを育成するコーチ」として活躍している。

この3人に共通するのは、高度専門性だけではない。

なにより大切なのは、**「市場価値が高い」**ことである。

ある分野に精通する高い専門性を有していても、それを欲する会社がなければ、ただの「オタク」だ。

「プロ」かどうかを決めるのは、あくまでも市場であり、顧客である。

実際、紹介した3人は引く手あまたの人気者だ。

私も何人かの経営者に「足立さんを紹介してほしい」と頼まれたことがある。ローランド・ベルガーは中竹さんにコーチングの指導をお願いした。

彼らは「市場から声がかかる」高度専門性を有しているのだ。

「プロ」と「アマ」の報酬格差は10倍以上になる

報酬に差をつけることをためらっていた日本企業も、**「プロ」には市場価値ベースで報酬を支払う**ようになってきた。

真の「プロ」には数千万円から1億円を超えるような報酬を支払うのが、日本においても当たり前になっていくだろう。

一方、**「社内価値」しかない、もしくは代替性の高い「アマ」（サラリーマン）の報酬は抑制**されていく。

年功序列の考え方は消えてなくなり、限られた価値しかない人材は、年齢に関係なく最低賃金程度の報酬しか稼げなくなる。

コロナ禍によって企業の人件費の総枠は小さくならざるをえない。「プロ」への報酬を手厚くすれば、「アマ」の報酬は下がる一方だ。

その結果、「プロ」と「アマ」（サラリーマン）の報酬格差は、日本においても10倍以上になるだろう。

しかし、これは「プロ」が存在する世界では当たり前のことである。

「プロ」と「アマ」の差以上に、「プロ」のなかでの差のほうが大きくなる
――「プロ」になることは勝ち残るための「最低限の条件」

さらにいえば、**「プロ」と「アマ」との差以上に、「プロ」のなかでの差のほうが大きくなる。**

つまり、「プロになれば安泰」などという話ではなく、**「プロ」になることはサバイバル競争に勝ち残るための「最低限の条件」**にすぎなくなる。

たとえば、サッカーJリーグの平均年俸は、J1では約3500万円だが、J2・J3では300万~400万円程度にすぎない。平均で見ても、5倍以上の開きがある。

J1における日本人最高年俸(2020年)は、酒井高徳選手(ヴィッセル神戸)の1億4000万円。J2・J3でプレイする選手の30倍以上だ。

グローバル基準と比較すると、さらに桁違いの差になる。

ヴィッセル神戸でプレイするアンドレス・イニエスタ選手の年俸は32億5000万円。

これは例外としても、イニエスタ選手の元同僚で、2020年1月に引退したダビド・ビジャ選手の年棒は3億5000万円。J2・J3の選手たちのほぼ100倍である。

「プロ」になることが成功を意味するわけではない。

「プロとして結果を出し、より上の世界で成功をつかむかどうか」が試されているのだ。

真の「プロ」は優れたチームプレイヤー ——「新たな和の形」が求められている

これからの経営は「プロフェッショナル」が中心になるという話をすると、「日本企業がこれまで大切にしてきた『和』の精神はどうなるのだ」という質問が必ず出てくる。

「プロ」という言葉を、「個人主義」「一匹狼」と受け取る人も多い。

たしかに、日本企業は共同体精神を大切にし、和を尊び、チームで仕事をするということを重視してきた。チームワークや連携力の重要性は、これからも変わらない。

しかし、**社内に「プロ」が増えるからといって、和やチームワークが毀損されるなどという議論は、きわめて短絡的**である。

むしろ、**真の「プロ」は優れたチームプレイヤー**である。それはサッカーやラグビーの世界を見れば一目瞭然である。

これから求められる「和」は、たんなる同質的な「仲良しクラブ」ではない。共通の目標、ゴールを実現するために、ひとつのチームとしてまとまりながら、それぞれの専門性を発揮する。

そうした**「新たな和の形」が求められている。**

「多様性からの連帯」をどう生み出すか?

32歳で戦略コンサルタントへと転身した際、私はボストンで研修を受けた。

そのときに教えられた言葉のひとつが**「多様性からの連帯」**(unity from diversity)だ。

個性や多様性をもつコンサルタントが、ひとつのチームとしてときにぶつかり合い、ときに刺激し合いながら、目標を達成する。そこから「プロ」同士の連帯感が生まれてくる。

いま日本企業に求められているのは、**「健全なコンフリクト(争い)」**である。

それぞれがそれぞれの意見や主張をぶつけ合い、対立や衝突を恐れずに、ゴールに向かって突き進んでいく。

コロナ後に、「新たなレール」を敷き、「新たな車両」を造るためには、そのプロセスが欠かせない。

「和」は最初から存在するものではない。**「健全なコンフリクト」の結果として生まれるものである。**

4 「プロ」として成功するための8つのポイント

最初から「プロ」はいない

どんな世界であっても、最初からプロはいない。どんなに卓越した才能や素養をもっていても、それだけで「プロフェッショナル」になれるわけではない。

「プロ」とは、秀でた才能をもつ者が、たゆまぬ鍛錬と精進を続け、そして人との出会いという「運」によって生み出されるものである。

それでは、市場性のある高度専門性をもつ「プロ」として成功を収めるためにはどうすればいいのか。

そのための8つのポイントを説明しよう。

「プロ」として成功する

成功のポイント1 「会社」ではなく、「機会」で判断する

「未成熟」「未完成」なものほど、プロにとっては魅力的

ビジネスの世界における「プロ」にとって大事なのは、「どの会社に勤めるか」ではない。

「どの機会を選択するか」である。

「プロ」は「機会」(opportunity) を求めて動く。**自分の力が思う存分発揮でき、貢献で**

きる「機会」こそが、最大のインセンティブなのである。

だから、**「プロ」は著名な会社、安定した大きな会社を好まない**傾向が強い。

「有名企業だから」「給与がいいから」などの一般的な尺度だけで、自分が身を置く場所を選ぶことはしない。

もちろん、新規事業開発や海外展開など新たな分野への挑戦であれば、大企業であっても「機会」にはなりえるが、一般的にいえば、「出来上がった」大きな会社は、「機会」に乏しく魅力に欠ける。

逆に、「出来上がっていない」発展途上の会社や事業は、「機会」の宝庫である。**「未成熟」「未完成」なものほど、「プロ」にとっては魅力的**だ。

「プロ」と会社は、「機会」でつながっている

私自身のキャリアを振り返っても、あえて「未成熟」なものを選択し、賭けてきた。

いまでこそ、戦略コンサルタントは人気の職業のひとつになったが、30年前は「あやしげな仕事」と思われていた。

20年前にローランド・ベルガーに転職したときも、「苦労するとわかっているところになんでわざわざ行くのか」と先輩コンサルタントにたしなめられた。

しかし、私にとっては「未成熟、未開拓だからこそやる価値がある」と信じ、決断してきた。**自分の力が発揮できる、自分を成長させることができる「機会」こそが、「プロ」にとっては最大の魅力**なのである。

だから「プロ」は、「機会」が与えられないのに、その会社にしがみつくことはしない。

もちろん、いまいる組織で常に新たな「機会」に恵まれるのであれば、あえて移る必要はないが、その可能性がないのであれば、「新たな機会」を探すのが自然である。

「プロ」にとって個と組織は対等な関係である。「機会」を与えてくれる会社に感謝はするが、だからといって媚びへつらうことはしない。

「プロ」と会社は「機会」でつながっているのだ。

成功のポイント2 「軸」を定める

「何のプロになるのか」を定める

「プロ」の条件とは、「高度専門性×市場性」である。

市場価値のある高度専門性を究めるためには、「自分は何のプロになるのか」という「軸」をしっかりと定めなければならない。

ただ漫然と会社から与えられる仕事をこなしていただけでは、「プロ」になれるはずもない。

「プロ」と呼ばれる人たちは、職種に関係なく、自分の「軸」を自分で定め、長い時間をかけて「プロ」にふさわしい力をつける努力をしている。

プロサッカー選手、パイロット、医師、弁護士、通訳、プロ棋士……。誰かに与えられたのではなく、自分で選択している。

ビジネスの世界においても、**ひと角の「プロ」になるには、最低でも10年単位で何かにのめり込み、研鑽を積む**必要がある。

あれもこれもとふらふらしていたのでは、「プロ」になりようがない。

少しかじった程度の知識や経験をひけらかしても、すぐに見透かされる。

普遍性の高いノウハウや知見は、陳腐化しない

「軸」を定める際には、はやりすたりの激しいものをあえて避けることも重要である。

たとえば、最近はやりのAI技術者やデータサイエンティストなどは、引っ張りだこの人気だが、やがてそのブームは間違いなく去るだろう。

それに比べると、先に紹介した足立光さんや岡田章二さんは、マーケティングやIT活用といった普遍性の高い分野の「プロ」であり、いつの時代においても確実に需要がある。

もちろん、マーケティングのトレンドは変化するし、新たなIT技術は次々に生まれる。

しかし、「経営においてマーケティングというケイパビリティをどう高めるか」「どのようにIT技術を経営に活かすか」という本質的なテーマは普遍的であり、そのノウハウや

知見は陳腐化しない。

一流のプロを目指すには、**普遍性が高く、市場性のある「軸」を見定める戦略眼**が必要だ。

成功のポイント3

よき「お手本」を知る

高みを知るからこそ、努力は続けられる

「軸」を定めたあとに大事なことが、「目標」である。

「プロ」として生きていくぞと覚悟を決めたとしても、**「どのレベルのプロを目指すのか」によって努力の方向性や質は大きく異なる。**

一口に「プロ」といっても、その力量、価値には雲泥の差がある。

「アマチュア」に毛が生えた程度のセミプロもいれば、世界で通用する「本物のプロ」

もいる。

私が戦略コンサルタントとしてラッキーだったのは、最初に「本物」を見たことである。堀紘一さん（元ボストン・コンサルティング・グループ社長）という「本物」の戦略コンサルタントと出会い、それが私の「お手本」となり、「目標」となった。

その高みを知ったからこそ、なんとかその域に達したいと、努力を続けることができた。

よき「お手本」を知ることは、「プロ」として生きていくためにきわめて重要なことである。

「本物」を目指さなければ、面白くない

「お手本」の重要性は、プロスポーツの世界を見てもわかる。

活況を呈している女子プロゴルフ界は、渋野日向子選手、畑岡奈紗選手、勝みなみ選手など１９９８年度生まれの「黄金世代」が人気を牽引している。

その「黄金世代」の選手たちに多大な影響を与えたのが、２０１７年に引退した宮里藍さんだ。

「藍ちゃんブーム」に触発され、小学生になったばかりの子どもたちがジュニアゴルファーの道へと進み、藍ちゃんを目指して研鑽を積んできた。それが強い女子プロを生み出している。

同様に、日本のプロサッカー選手たちが活躍の場を求めて海を渡るのは、海外の「本物」の場所で自分を試したい、磨きたいと熱望しているからである。

国内で「プロ」になり、活躍しても、彼らの心は充足されない。それは、彼らが「本物」を知り、それが「お手本」になっているからである。

「プロ」として生きていくのであれば、「本物のプロ」を目指さなければ、面白くない。

成功のポイント4 自分の可能性に蓋をしない

最初は自信がないのが当たり前

「本物のプロを目指せ」などと煽ると、自分にはそんな才能はない、だから「プロ」にはなれないと思う人も多いだろう。

たしかに、市場価値のある高度専門性を身につけるのは容易なことではない。

実際、私自身の30年のキャリアを振り返ると、平穏なときなどほとんどなかったと言っていい。最初のころは、「プロ」になれる自信などまったくなかった。

一見、華麗な転身を遂げ、成功を収めてきたように見えるかもしれないが、実はいつももがき、悩み、自問自答していた。

そんななかで、私がいつも大切にしてきたことはたったひとつ、**「自分の可能性に蓋をしない」**ということだった。

「戦略コンサルタントになんてなれるのだろうか……」

「プロジェクトで結果を出せるのだろうか……」

「自分にプロジェクトは売れるのだろうか……」

「社長である私に、社員たちはついてきてくれるのだろうか……」

「私に本なんて書けるのだろうか……」

自分の居場所やキャリアのステージが変わるたびに、いつも不安や弱気が首をもたげていた。

「自分の可能性を信じられる」ことが最大の資質

そんなとき、私は**「きっとできる。自分にはそれだけの可能性がある」**と自分を信じ込ませ、奮い立たせてきた。

そして、実際に多くのことを実現させることができた。

どんな人にも、何かの「プロ」になりうる才能や可能性が潜んでいると私は信じている。

しかし、**ほとんどの人はそうした可能性に自分で蓋をしてしまい、活かせていない。**本当にもったいないと思う。

他人の声に耳を傾け、助言を求めることも必要だが、自分のことを一番知っているのは、やはり自分自身だ。

自分の可能性を信じられることこそが、「プロ」としての最大の資質である。

「プロ」として成功する

成功のポイント 5 「他流試合」で力をつける

「他流試合」が人を育て、たくましくする

最初から「プロ」はいない。

いくら卓越した「プロ」の素養をもっていても、磨かれなければ光らない。「プロ」は実践で鍛えられ、力をつけていく。

そのためには、**自分の「居場所」を戦略的に決めなくてはならない。**

いくら居心地がよくても、ここにいたのでは自分に力はつかないと思えば、思い切って「居場所」を変える勇気が必要である。

「プロ」にとって「他流試合」はとても重要である。

あえて他社や他業界に移り、「他流試合」の経験を積んだ人間は、必ずひと回り大きくなっている。

私自身の経験でいえば、アクセンチュアを辞めてブーズ・アレン・ハミルトンに移ったときが、ひとつの節目だった。

アクセンチュアでパートナーに昇進し、仕事にも恵まれていた。そのままいるほうが楽なことは明白だった。

しかし、私はあえて「居場所」を変えた。

移った先ではとても苦労したが、その苦労があったからこそ、いまの私があると思っている。

いい「他流試合」を経験した人間は、たくましく、線が太い。

異なる環境で揉まれてきたからこそ、体幹がしっかりしている。

ぬるま湯的な居心地のよさは大敵
——「出戻り自由」によって、会社のダイバーシティは高まる

私はローランド・ベルガーを「卒業」する人を引き止めることはしなかった。優秀な人材が辞めるのは会社としては痛手だが、その人なりの考え、キャリアプランがあっての選択なのだから、それを尊重した。

しかし、「外に出てみて、もう一度戦略コンサルタントをやってみたい、ローランド・ベルガーで働きたいと思うなら、いつでも戻ってこい」と声をかけて送り出した。

ほかの世界を知り、経験を積み、一皮剥けた人材は、私たちにとってかけがえのない魅力的な人材だ。**「出戻り自由」な会社であることによって、会社のダイバーシティは間違いなく高まる。**

こうした「出戻り」の事例は、大手企業でも出始めている。

ＢＣＧ時代に同僚だった樋口泰行さんは、２０１７年に古巣のパナソニックに専務役員として舞い戻り、話題になった。

私が社外取締役を務めているSOMPOホールディングスのグループCSO（Chief Strategy Officer）執行役常務を務めている奥村幹夫さんも、一度会社を辞め、ほかの会社で経験を積み、舞い戻った。

「プロ」にとって、ぬるま湯的な居心地のよさは大敵である。

そんなときこそ、あえて「他流試合」を求める必要があるのだ。

成功のポイント 6
グローバルに通用する「プロ」になる

「内弁慶」のままでは活躍の場は限られる

コロナ禍はグローバル化に潜むリスクや弱点、課題をいっきに浮き彫りにした。

だからといって、**私たちは「鎖国」し、世界から孤立するわけにはいかない。**

ビジネスに国境はなく、地球というひとつの市場の中で存在感を高めるという大きな方向性は、ポストコロナにおいても変えてはならない。

日本経済が縮んでいくというトレンドは、コロナ・ショックの有無にかかわらず進行する。リスクを回避しながら、私たちは海外に成長の場を求めていかざるをえない。

日本人プロサッカー選手が海外に活躍の場を求めるように、真の「プロ」はグローバルで通用しなければならない。**国内でしか通用しない「内弁慶」のままでは、活躍の場はますます限られていく。**

2019年のラグビーワールドカップで日本を8強に導いた功労者のひとり・堀江翔太選手は、こう語っている。

「日本人は海外経験が少ない。スーパーラグビー（SR）があったから海外のチームとの対戦にも慣れられた」

日本は2016年からサンウルブズという選抜チームを、ニュージーランドなど南半球4カ国の強豪チームが集うSRに送り込んだ。日本代表選手の多くはここで外国勢と戦い、揉まれた。

チームとしての成果は乏しかったが、この参戦なくして今回の日本代表の躍進はなかっただろう。

異文化コミュニケーション力を磨く
――なにより大切なのは「慣れ」

グローバルに通用する人材というと、「語学に堪能」というイメージばかりが先行するが、なにより大切なのは**「慣れ」**である。**外国人相手でも臆せず、対等に渡り合う精神的タフネスこそが真の武器**である。

とはいえ、「慣れ」のためにも、そこそこの語学力を身につけることは必要だ。**「プロにとって英語がそこそこできることは、もはや当たり前の条件**であり、英語さえできない人間はチャンスさえもらえなくなっていく。

英語はできて当たり前、できれば中国語などもうひとつくらいほかの言葉を身につければ、それは大きな武器になる。

重要なのは、**異文化コミュニケーション力を磨く**ことだ。

言葉が通じないというのは、最も原始的な「居心地の悪さ」のひとつである。だからこそ、話せることで得られるものは大きい。

言語の違い、文化の違い、宗教の違いなどを乗り越え、**多様性のなかで活躍できる「タフな人材」になる**ためには、あえて「居心地の悪い」場所に身を置くことも必要である。

日本人だけで固まり、日本語が通じる「居心地のいい」環境に浸かったままでは、世界の広さを知ることはできない。

「プロ」として成功する

成功のポイント7 「信用」という価値を大事にする

力の出し惜しみをしないことが「信用」につながる

スポーツや芸能の世界でも同様だが、一流の「プロ」は、ファンの期待をけっして裏切らない。

いつでも、どんなときでも全力投球でファンを楽しませ、力の出し惜しみをしない。そして、それが「信用」という大きな価値になり、ファンや贔屓筋をつくり、活躍する場も広がる。

ビジネスの世界における「プロ」にとっても、「信用」という価値はきわめて重要である。高度専門性が高いからといって、偉そうにふん反り返っていたのでは、チャンスはめぐってこない。

「プロ」は「一流の人間」でなければならない——当たり前の積み重ねが「信用」という財産につながる

「信用」を獲得するには、日常の小さなことをないがしろにしないことが大切である。

「信用」は日々の積み重ねからしか生まれない。

約束はどんなことをしてでも守る。小さな約束ほど大事にする。できない約束はしない。

何かをしてもらったら必ずお礼をする……。

根底にはあるのは、感謝の気持ちである。

力を発揮する「機会」を与えてもらったからこそ、「プロ」としての仕事ができる。「プロ」こそが、自分は「活かされる身」であることを知っている。

「プロ」は「一流の人間」でなければならない。

人間として当たり前のことをきちんと行うことの積み重ねが、「信用」という財産につながるのだ。

「プロ」として成功する

成功のポイント 8 「EQ」（心の知性）を磨く

高度専門性を磨くことは必要条件にすぎない

ビジネスで成功を収めるためには、**「IQ」（頭の知性）と「EQ」（心の知性）**のバランスが大事である。

それは「プロ」も同様である。

どれほど高い専門性をもっていても、それを「活用する」術を身につけなければ何の価値もない。

高度専門性だけで仕事ができるのであれば、大学の教員や評論家でも事足りる。

しかし、実際には、専門的な知識や理論的な裏付けだけで相手が納得するほどビジネスの世界は甘くはない。

高度専門性を磨くことは、「プロ」として成功する必要条件にすぎない。

「プロ」の価値は、「ＩＱ」(頭の知性)から「ＥＱ」(心の知性)へシフト——「人間の情緒に働きかける能力」を磨く

ビジネスにおける**「ＩＱ」(頭の知性)**的な要素は、ＡＩやビッグデータなどの先端テクノロジーによって相当部分が代替、補完されていく。

頭の回転のよさだけを比べれば、スーパーコンピュータや量子コンピュータにかなうはずがない。それほどテクノロジーの進展はすさまじく、驚異的だ。

しかし、幸いにも人間には**「ＥＱ」(心の知性)**が備わっている。

どんなにすごい「道具」が誕生しても、それを賢く使う「知恵」は人間が生み出さなければならない。

テクノロジーが進展すればするほど、**「プロ」の価値は、「IQ」（頭の知性）的なものから「EQ」（心の知性）的なものへとシフトしていく。**

人間の心に寄り添い、**「人間の情緒に働きかけていく能力」「五感で変化や予兆を感じ取る能力」**を磨くことが、高度専門性を活かすためには必須なのである。

第4章

コロナ後に、「働き方」は
どのように変わるのか

1

「レスの時代」の幕開け

「通勤レス」「出張レス」「残業レス」「対面レス」——私たちは「新たな選択肢」を手に入れた

コロナによって私たちは行動自粛を余儀なくされ、否が応でもオンライン化やリモートワークを進めざるをえない状況に追い込まれた。

しかし、これは私たちにとって「福音」だった。結果として、私たちは**「新たな選択肢」**を手に入れた。

オフィスワークという選択肢しかなかったところに、リモートワークという「新たな方法」が加わった。わざわざ出張して、商談するしかなかったところに、オンライン商談という「新たなやり方」も選択肢となった。

「選択肢」が増えるということは、豊かになることである。これからはそれらを賢く使い分けていけばいい。

コロナ・ショックは「レスの時代」の幕開けである。

デジタル化、オンライン化によって、さまざまな不要なものを「レス」（なくす、減らす）することができる。

「ペーパーレス」「ハンコレス」は言うに及ばず、**「通勤レス」**（会社に行かない）、**「出張レス」**（意味のない出張はしない）、**「残業レス」**（不要な残業はしない）、**「対面レス」**（非対面で仕事をすます）など、「レス」できるものが多いことに私たちは気づいた。

さらには、ビジネスパーソンにはつきものだった「転勤」のあり方もこれからは変わっていくだろう。

これまでは辞令一枚で転勤を強要されるのがサラリーマンにとっては常識だったが、これからは社員が転勤の可否を選択する時代になっていく。

そうなれば**「転勤レス」**も私たちは手に入れることができる。

これからは「複数の選択肢」を賢く使い分けていく時代になる。

それが**「スマートワーク」**である。

「プロ」としてふさわしい働き方「スマートワーク」を身につける

前章では、ビジネス社会における「プロ化」の潮流について見てきた。ポストコロナは、高度専門性を備え、市場価値のある「プロ」が大活躍する時代になる。

ＡＩやロボットなど先端テクノロジーの進展と反比例するかのように、上司の言うことを聞き、滅私奉公的に真面目に働くだけのサラリーマンは淘汰されるか、きわめて低い賃金で働かざるをえなくなる。

そんなことは平成の時代から指摘されていた。日本企業が勢いを失っていく大きな要因のひとつであることは、誰もが認識していた。

しかし、私たちは本当の意味では変わろうとしてこなかった。それが「緩慢なる衰退」の元凶だった。

そこに、コロナが直撃し、多くの会社が覚醒し、変革せざるをえない状況にいっきに追い込まれた。

ビジネス社会で成功を望むのであれば、私たちは「プロ」を目指さなければならない。

そして、私たちは**「プロ」としてふさわしい新しい働き方**、つまり**「スマートワーク」**を身につけなければならない。

コロナが収束し、蓋を開けてみたら、以前の「アマ」の働き方に逆戻りなどということにしてはいけない。

本章では、「新たな選択肢」を手に入れた「レスの時代」において、私たちはどのように働き方を変えなくてはいけないのかについて考えてみたい。

「生産性」と「創造性」という2つの視点で働き方を見直す

その際、重要なのが、**「生産性」**と**「創造性」**の2つの視点で働き方を見直すことである。

①生産性

「デジタル化→オンライン化→リモートワーク」という新たな流れは、長年指摘されてきたホワイトカラーの低生産性をいっきに解消するまたとないチャンスである。

②創造性

しかし、生産性の向上だけでは「スマートワーク」を実現したとは言えない。生産性が高まると同時に、**ユニークな発想、斬新なアイデアが次々と生まれ、新たな価値が創出されることこそが、真の意味での働き方改革**である。

生産性は投入した「インプット」に対して、どれだけの「アウトプット」を生み出したかによって測定される。

「不要不急」を減らし、無駄な「インプット」を削減する努力は必要だが、その一方で、創造性を高め、「アウトプット」を最大化する知恵もこれまで以上に磨かなければならない。

生産性についてのドイツと日本の違い

ローランド・ベルガーの創業者であるベルガー氏と、生産性に関する議論を何度もしたことがある。

彼はいつも**「日本は『インプットを減らす』ことばかりを考えるが、ドイツは『アウトプットを増やす』ことによって生産性を高めてきた」**と指摘した。

たとえば、自動車産業だ。

トヨタをはじめとする日本の自動車メーカーは、徹底した現場の改善努力によってコストダウンを実現し、高品質にもかかわらず値ごろ感のある自動車を生み出してきた。

一方、ドイツは、マーケティングやブランディングによって顧客が喜んで高いお金を払う自動車の開発や販売に専念してきた。メルセデス・ベンツやＢＭＷ、アウディなどが好例だ。

つまり、売値が１００万円の車のコストを１万円、２万円と下げる努力はもちろん大切だが、売値を２００万円にすることができれば生産性はいっきに高まる。

「日本企業はせっかく品質の高い自動車をつくっているのに、安売りばかりしている。マーケティングを駆使して『アウトプット』を増やすやり方が本当に下手だ」とベルガーさんは日本企業の欠点を指摘した。

「効率よく働く」ことと「価値あるものを生み出す」ことはトレードオフではない。

常に「インプット」と「アウトプット」のバランスを考えることが、生産性についての

議論の本質である。

②　どうすれば「生産性の高い働き方」ができるのか

現業部門でのデジタル化、自動化、リモート化をいっきに進める

まずは、どうすれば「生産性の高い働き方」が実現できるのかについて考えてみよう。

外出自粛を余儀なくされたことによって、私たちは否が応でもリモートワーク（在宅勤務）を進めざるをえない状況に追い込まれた。

しかし、そのことによって、**リモートワークが私たちの生産性を大きく高める可能性があることにも**気づいた。

もちろん、現業部門で汗をかかざるをえない仕事で、リモートワークは難しい。こうし

た**現業部門の仕事は、デジタル化、自動化などによって現場業務の負担を軽減するほうが、はるかに生産性は高まる。**

とはいえ、現業部門でのリモートワークがまったく不可能ということではない。

たとえば、リコーは工場での在宅勤務比率を3割以上にすると明らかにした。遠隔で生産管理を行うなど「製造現場のリモート化」に挑戦していくという。[26]

医療従事者や介護の現場、物流の現場、店舗の現場などは、まだまだデジタル化、自動化、リモート化が遅れている。

現場業務を支援するテクノロジーの活用を、この機にいっきに加速させなければならない。

リモートワークに向いている人、向いていない人がいる
——問題は、「業務」ではなく「人」

一方、本社や支社、支店で行っている企画・管理などの**ホワイトカラー業務や事務サービス的な仕事の大半は、「デジタル化→オンライン化→リモートワーク」が十分に可能**だ。

私自身も3月以降、会議やミーティングはほぼすべてリモートで対応した。

図表7 ◆ リモートワークの適性分類

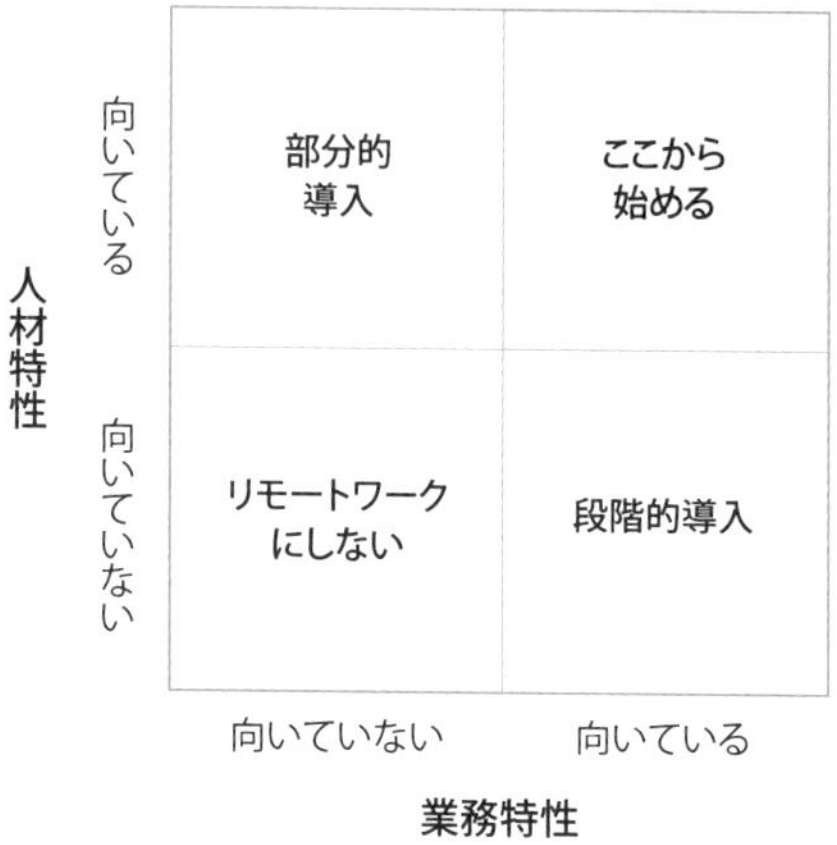

私が講師として関与している企業研修の多くは延期になったが、スケジュールの都合上進めざるをえない研修は、リモートで行った。

その体験を通してわかったことがある。

それは、**「リモートワークに向いている業務、向かない業務」の議論よりも、「リモートワークに向いている人、向かない人」をしっかり見定めることが重要**だということだ（図表7）。

問題は、「業務」ではなく「人」だ。

しっかりと自己管理ができ、スーパーバイズ（監督・指導）なしに、自己完結的に業務を進めることができる技量と経験をもつ人であれば、リモートワークの効果はきわめて大きい。

しかし、**「自己管理力」が不十分で、スーパーバイズが必要な人は、リモートワークによってかえって生産性が下がる**だろう。

スーパーバイズが不十分で、業務上のミスやトラブルが発生すれば、かえって個人や全体の生産性を毀損させてしまうリスクもある。

つまり、リモートワークを一律に考えるのではなく、**個の経験値と「自己管理力」をしっかり見定めたうえで、リモートワークの位置付けと運用を考える**必要があるのだ。

フェイスブックが掲げる「リモートワークが可能な人の4つの条件」

リモートワークを今後どのように運用していくべきかに悩んでいるのは、日本企業に限った話ではない。日本企業よりもはるかにデジタル化が進んでいる米国でも同様の議論が始まっている。

たとえば、フェイスブックは、試行錯誤しながらリモートワークを進めようとしているが、その進め方は慎重だ[27]。

同社のマーク・ザッカーバーグCEOは「我々は今後、リモートワークに最も前のめりな会社になると思う」と宣言したうえで、「今後5年から10年かけて、社員の約50％を在宅勤務にすることが可能だと思う」と語った。

その一方で、**「リモートワークが可能な人の4つの条件」**を打ち出した。

それらは次のとおりである。

①経験豊富な人、優れた技術をもっている人
②直近のパフォーマンスが優れていること
③在宅勤務をサポートしてくれる人がいるチームの一員であること
④所属しているグループの上司から承認を得ること

「経験豊富な人」とは、スーパーバイズがなくても「自己管理ができる人」のことだ。

さらに、「直近のパフォーマンスが優れている人」は上司との関係も良好である可能性が高く、コミュニケーションもとりやすい。

一方、経験値が低い人は、より多くのスーパーバイズが必要だ。

さらに、パフォーマンスが低い人は、リモートワークで上司とのコミュニケーションが減ると、人間関係がさらにぎくしゃくするリスクがある。

リモートワークは私たちに与えられた大きな選択肢のひとつである。

だからこそ、その可能性を潰さないためにも、賢く使いこなす知恵を身につけなければならない。

3 リモート時代における社内コミュニケーションの4原則

「過剰管理」でもなく、「野放し」でもなく
――部下が「自己管理」できるように上司が導く

リモートワークの広がりによって、私たちは「新たな管理」の仕方も模索しなければな

らない。

「見えないものは管理できない」というのが、管理の鉄則である。

その意味でいえば、リモートワークによって「見えない化」が進み、上司が部下を管理できないという事態に陥るリスクが高まる。

だからといって、四六時中監視する「過剰管理」に走ったのでは元も子もない。

一方で、在宅での仕事ぶりを放置し、「野放し」状態にしてしまっては、管理者失格である。

「過剰管理」は部下のモチベーションを下げ、「野放し」は業務品質を著しく低下させるリスクを増大させる。

リモートワークが大きな成果を生み出すために大切なのは、**管理を強化することではなく、部下が「自己管理」できるように上司が正しく導き、適切な指導を行う**ことだ。

上司が部下を管理するのではなく、部下が自らを「自己管理」できるように仕向ける。

部下の「自立」を手助けするのが、ポストコロナにおける有能な管理者である。

オンラインとオフラインを使い分け、コミュニケーションの質を高める
――オンラインで「業務管理」はできるが、「人の管理」は限界がある

リモートワークの管理において重要なのは、コミュニケーションの質を高めることである。

会社は無数のコミュニケーションによって成立している。

オンライン（非対面）であれ、オフライン（対面）であれ、人と人とがさまざまな情報や意見をやりとりすることによって、企業活動は営まれている。

繰り返しになるが、私たちはこれまでのオフライン（対面）一辺倒のコミュニケーションではなく、オンライン、リモートという「新たな選択肢」を手に入れた。

私たちにとって大事なのは、**オンライン（非対面）とオフライン（対面）を上手に使い分ける知恵**を身につけることである。

オンラインは機能的な業務やコミュニケーションをサクサクとこなすのに適している。

日常的なオペレーションの多くは、オンライン、リモートで効率的にさばくことができる

はずだ。

一方、オンラインには不向きなこともある。それは**「機微情報」の把握**だ。

「仕事で行き詰まっているのではないか」

「何か悩み事を抱えているのではないか」

「健康状態は大丈夫か」

など、暗示的な「機微情報」はオンラインだけではなかなか把握できない。

対面であれば、無数の暗示的な情報が一瞬で伝わる。

「業務管理」はオンラインでもできるが、「人の管理」はオンラインだけでは限界がある。

オンライン（非対面）とオフライン（対面）を効果的に使い分けるための「社内コミュニケーションの4つの原則」をひとつずつ見ていこう。

原則1 人間の3タイプによって、コミュニケーションの仕方を変える

すでに述べたように、**ポストコロナの働き方において大事なのは、「自己管理力」**である。

しっかり自己管理できる能力や習慣をもつ人は、オンライン化、リモートワークを有効に活用し、生産性を大きく高めるだろう。

しかし、**「自己管理力」は人によって大きく異なる。**

それをしっかりと見定め、コミュニケーションの仕方や頻度を臨機応変に変えなければならない。「リモートワークだから、みんな勝手にやってくれ」というわけにはいかない。

人間には3つのタイプが存在する。

「言われなくてもやる人」「言われたらやる人」「言われてもやらない人」の3タイプだ。

①言われなくてもやる人

「言われなくてもやる人」は「自己管理力」が高いので、オンラインだけで十分に機能するだろう。

②言われたらやる人

「言われたらやる人」は完全に自立しているわけではないので、オンラインとオフラインを併用することが必要だ。

③言われてもやらない人

「言われてもやらない人」はコミュニケーション以前の問題であり、本来会社にいてはいけない人だ。

オンライン化、リモートワークの流れだから、すべて一律にリモートで行うというのでは、あまりにも短絡的だ。

人の特性を見極めて、コミュニケーションの頻度や時間を決め、オフライン（対面）の必要性を判断するなど、それぞれに合ったきめ細かい管理方法が求められている。

管理者にとっては、「管理の難易度」は高まると自覚すべきだ。

社内コミュニケーション術

原則2 経験値の高い人と低い人を「ペア」で組ませ、アドバイスする「メンタリング」がより重要になる

経験値が豊富で、自己管理ができる人はリモートワーク、経験値が少なく、一人立ちできていない人はオフィスワークと「分断」されてしまうと、別の問題が生じてくる。

それは、**「人が育たない」という問題**である。

みんながオフィスにいて、他人の様子が視野に入ったり、気楽に声を掛け合えるような環境があれば、発展途上の人が孤立することは少ない。

仕事ができる人が、発展途上の人の面倒をみるということが可能だからだ。

しかし、**仕事ができる人は在宅で仕事をし、仕事ができない人ばかりがオフィスにいる**という状況では、面倒をみてくれる人が身近にいないということになってしまう。

だからといって、リモートワークでも十分に仕事ができる人までオフィスに来るようになってしまったのでは、本末転倒である。

そこで重要となるのが、**「メンタリング」**である。**経験値の高い人と低い人を「ペア」で組ませ、必要に応じてタイムリーにアドバイスできる仕組み**が不可欠である。

アドバイスはオンライン上でも十分に可能だ。

逆に、対面よりも本音を言いやすく、気楽に相談できるというメリットもある。

一方、リモートワークを開始した企業の多くで、新たな課題も生まれている。

オン・オフの切り替えができず、働きすぎに陥る社員や問題を抱え込んだまま孤立する社員が増えているという。

年次の近い先輩社員が、在宅勤務のちょっとしたコツや働き方のヒントをタイムリーに伝授することができれば、リモートワークのストレスを軽減できるはずだ。

大事なのは、**「誰が誰の面倒をみるのか」を明確にする**ことである。

管理者である上司ではなく、**気楽に話ができる身近な「メンター」の存在があれば、心強い。**

リモートワークという分散的な働き方を機能させ、組織全体の生産性を高めるためには、**人と人とのつながりをしっかりと確保することが生命線**である。

社内
コミュニ
ケーション術

原則3 「ムダ話」や「雑談」をするための、インフォーマル・コミュニケーションの「場」をつくる

リモートワークによって失われてしまうものもある。

それは**オフィスにおけるインフォーマル・コミュニケーション**である。

オフィスでの何気ない「雑談」、廊下ですれ違いざまの「立ち話」、タバコ部屋での「噂話」など、ちょっとした情報のやりとりがビジネスのヒントとなったり、人と人との垣根を取っ払う役割を担ってもいる。

オンラインでのリモートワークでは、どうしても業務上の無機質なやりとりのみに終始しがちである。機能的な仕事はサクサクと進めればいいが、それだけではどこか味気ないのも事実である。

そこで大事なのが、**オンラインを活用した、「ムダ話」や「雑談」をするためのインフォーマル・コミュニケーションの「場」づくり**である。

通常の業務上のやりとりではなく、「ムダ話」や「雑談」をするためだけの「場」をオンラインで設けることによって、人と人とのつながりが濃くなっていく。

「オンラインランチ」や「オンラインおやつタイム」など、気楽に参加できるハードルの低いインフォーマル・コミュニケーションの「場」を意図的につくることが必要である。

原則4 定期的にオフライン（対面）で会うから、日常のオンラインが機能する

機能的な仕事はオンライン、リモートでサクサクとできるからといって、オフライン（対面）がまったくいらないというわけではない。

対面でしかわからないこと、対面でしか伝わらないこと、対面でしか言えないことというものが必ずある。

オンラインやリモートでは、**人間の「機微情報」**というものが見えないし、**伝わらない。**

だから、**最低でも月に一度はオフラインでの個人面談の機会を設けるべき**だ。

これは**「自己管理力」の有無とは関係ない。**

むしろ、「自己管理力」の高い人材ほど、表面的にはうまくいっているように見えても、自分ひとりで問題を抱え込み、悶々とするケースは多い。

オフライン（対面）でのやりとりがあるからこそ、日常のオンライン（非対面）は機能すると肝に銘じなければならない。

4 働き方の自由度を高め、真の豊かさを享受する

「転勤」をめぐる会社と社員の溝は大きくなっている
——「転勤レス」という「新たな選択肢」も現実のものに

ポストコロナにおいて私たちが手に入れるのは、「通勤レス」「出張レス」「残業レス」などの「新たな選択肢」だけではない。

これまでサラリーマンが強いられてきた会社都合の「転勤」という考え方もここにきて大きく変わろうとしている。

つまり、**「転勤レス」という「新たな選択肢」も現実のものになろう**としている。

ビジネスパーソンにとって「転勤はつきもの」というのがこれまでの常識だった。本人にどんな事情があっても、会社の転勤命令には従うというのが当たり前だった。

しかし、ここにきて、さまざまな事情で転勤したくない（できない）社員と転勤を求め

る会社のあいだに、大きな溝ができはじめている。

共働きや育児、親の介護など、社員たちを取り巻く環境は大きく変わり、**「転勤できない」社員も増えている**。

実際、人材サービス大手エン・ジャパンの調査では、「転勤が退職を考えるきっかけになる」との答えが6割に達している。

会社都合の転勤を撤廃する会社も出始めた

もちろん、企業側も手をこまねいていたわけではない。

これまでにも「地域限定社員」などの制度をつくり、転勤が難しい社員たちと「共生」する手だてを講じてきた。

しかし、**転勤を受け入れる社員と転勤しない社員のあいだに階層ができ、待遇面でも差が出るため、働く意欲という面でも問題が生じていた**。

そんななかで、管理職を含む基幹社員に対して**「会社都合による転勤の原則禁止」**を打ち出した会社がある。

ＡＩＧ損害保険である[28]。

同社は管理職を含む約４０００人の社員を対象に、東京や大阪など全国を11に分けたエリアから、自分が望む勤務地を選べるようになっている。

社員は、あらかじめ転勤の可否に関する自分の考えを表明する。「場合によっては転勤してもいい」を自発的に選択した社員は約3割、「希望エリアで働きたい」が約7割となっている。

この制度のポイントは、**どちらを選択しても待遇は同じであり、昇進やキャリア形成など評価にも差を設けない**ことである。

転勤なしを打ち出してから、同社の新卒採用への応募数は急増しているという。**「転勤レス」は時代の要請**でもある。

社員が住むところにオフィスを設ける会社も——会社と個の「新たな関係性」をつくる

会社のオフィスがある場所に社員を転勤させるのではなく、**社員が住むところにオフィ**

スを設ける会社もある。

ソフトウエア大手のサイボウズだ。

ある社員が家庭の事情で福岡に転居せざるをえなくなり、その社員のために福岡に拠点を開いた。同様に、広島にも拠点を設けた。

これまでは会社都合で有無を言わせずに、転勤を押しつけるのが、日本企業の常識だった。しかし、その常識はもはや通用しなくなりつつある。

代替性の低い「プロ社員」に活躍してもらおうと思うのであれば、**会社はこれまで以上に「個」の都合や事情に配慮**せざるをえない。

真の「プロ社員」にとって、「どこで働くか」「いつ働くか」はどうでもいいことだ。

あらゆる制約条件を取っ払い、「プロ」の成果を最大化する環境を整える。それが会社と「プロ」が共存する方法なのだ。

「社員本位」の目線で、働く場所や働き方を選択する。

ポストコロナにおいては、会社と個の「新たな関係性」をつくらなければならない。

「フリーランス」「会社レス」という働き方が広がる

最も自由度の高い働き方のひとつが、**「フリーランス」**である。

日本でもフリーランスは徐々に広がりつつあるが、欧米に比べるとまだまだマイナーな存在である。内閣官房の調査によると、副業や自営業者などを加えた広義のフリーランス人口は1087万人だ。

フリーランス大国である米国は、労働人口の3分の1以上にあたる約5700万人が、広義のフリーランスとして仕事をしている。[29] 日本の5倍以上だ。

ひとつの会社にしがみつく。ひとつの仕事にしがみつく。ひとつの場所にしがみつく。そうした生き方を否定するわけではないが、それしか認めない、それしか選択肢がない社会というのは、けっして豊かとは言えない。

もちろん、コロナ・ショックによってフリーランスは収入減や取引停止の影響をもろに受けている。会社の被雇用者ではないので、収入減を補う手当や補償はない。

しかし、これからは力のあるフリーランスは正社員よりも活躍する場は大きく広がっていくだろう。

一般社団法人プロフェッショナル&パラレルキャリア・フリーランス協会の平田麻莉代表理事は、こう語っている。[30]

「コロナ時代は働き方に対する価値観が大きく変わる。会社に依存しスキルを磨いてこなかった正社員は会社にとっての一番のリスクで、社会の中で一番の弱者になる」

「しがみつかない」生き方は、不安定でリスクが高いように見える。しかし、現実はそうではない。

フリーランスとは**「会社レス」という生き方**である。

会社と個が対等の関係にあり、会社に隷属せず、自分の力だけで生きていく覚悟をもつことである。

しがみつかないからこそ、人はたくましくなる。そして、しがみつかないからこそ、豊かさを享受できる。

ポストコロナにおいては、**「会社レス」というフリーランスの働き方が日本でも確実に**

広がっていくだろう。

真の豊かさとは「経済的な豊かさ×精神的な豊かさ」——個を尊重し、人間らしく生きる社会に変える

会社にはさまざまなストレスが存在する。

とりわけ**「通勤」「残業」「人間関係」は、どの会社にも共通する3大ストレス**である。

ポストコロナの社会においては、これらを解消もしくは大きく軽減できる可能性がある。「デジタル化↓オンライン化↓リモートワーク」の流れが浸透、定着すれば、「通勤レス」「残業レス」「対面レス」は十分に実現可能だ。

ポストコロナをきっかけに、私たちは**個を尊重し、人間らしく生きる社会に変えなくてはならない**。

上司の顔色をうかがって言いたいことも言えない、嫌な仕事を押しつけられても、何も言わない、会社都合で転勤を強いられる……。

そんな人生が豊かとはとても思えない。

図表8◆真の豊かさ＝経済的な豊かさ×精神的な豊かさ

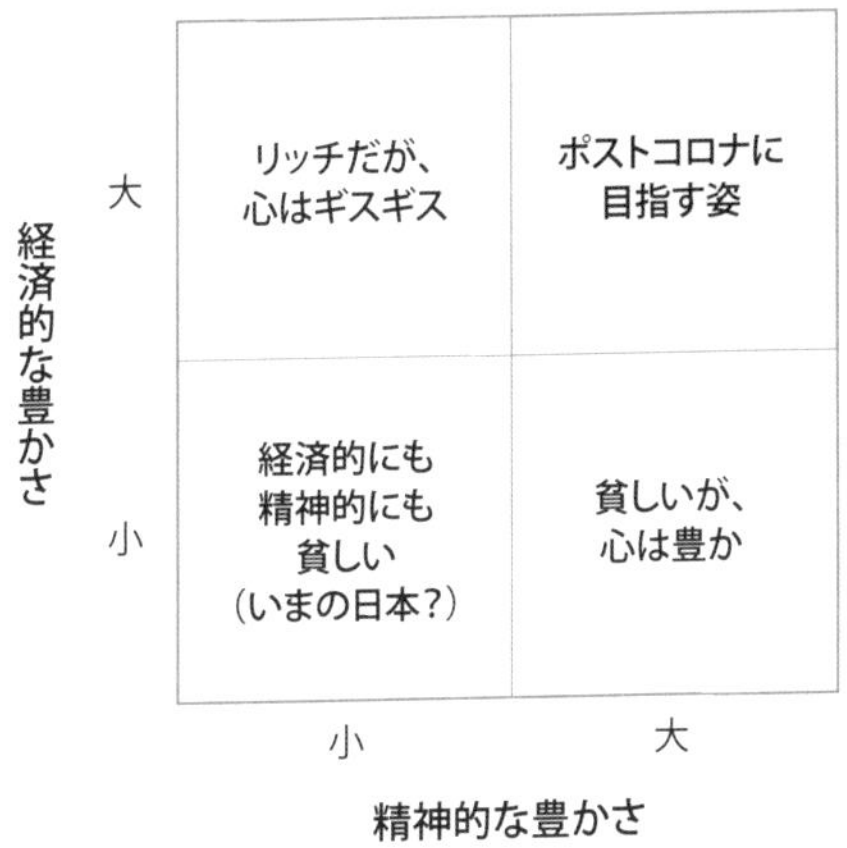

いくら会社が利益を上げ、内部留保を貯め込んでも、そこで働く人たちが疲弊し、暗い顔をしていたのでは、とてもいい会社とは言えない。平成の30年は、そんな会社が増えていった時代だった。

私たちはコロナ・ショックを機に、その流れに終止符を打たなければならない。

真の豊かさとは、「経済的な豊かさ」と「精神的な豊かさ」が共存するものだ（図表8）。

コロナがきっかけとなってこれから起きてくるだろうさまざまな働き方の変革は、私たちの「精神的な豊かさ」を高めてくれる可能性がある。

「資本の論理」「会社の論理」ばかりがま

かり通った時代から、**「人間の論理」「個の論理」が通用する社会**に変えていかなければならない。

⑤ どうすれば「創造性の高い働き方」ができるのか

「70％ルール」で時間を捻出し、創造性の高い仕事に振り向ける

「デジタル化→オンライン化→リモートワーク」という新たな流れによって、これまでの仕事は間違いなく効率的に進めることができる。

職種や仕事の内容によってその効果の大小は異なるが、最低でも30％は生産性を高めることはできるはずだ。

これまでの仕事は従来の70％の工数で終了させるという「70％ルール」を私は提唱した

い。

デジタルという武器を手に入れ、オンライン化、リモートワークという「新たな選択肢」を手に入れた現在、十分に実現可能な目標だ。

それによって、**残りの30%の時間を、創造的な仕事に振り向ける**ことが可能となる。**創造的な仕事とは、「新たな変化」や「新たな価値」を生み出す仕事**である。難易度は高いが、やりがいは大きい。

反復的かつ機能的なルーチン業務は、徹底的に効率化を志向する。

そして、一人ひとりがより付加価値の高い仕事へとシフトできれば、会社の業績が向上するだけでなく、働く社員たちの満足度も高まる。

デジタルの時代だからこそ、リアリズムが大事
——大事なのは「誰と会うか」

創造性の高い仕事をするためには、「刺激」が必要だ。

同質的な人たちだけが集まって、「刺激」に乏しい議論を繰り返したところで、新たな

発想、ユニークなアイデアは生まれてこない。

それは「対面vs非対面」という方法論の話ではない。

大事なのは「誰と会うか」だ。

異質の考え方や自分と異なる経験を積んだ人たちと出会えば、大きな「刺激」を受ける。

ポストコロナだからこそ、異質の人たちとの出会いを求めなければならない。

同様に、現場に出向くことも大事だ。

「変化の芽」は現場にある。**現場に身を置くからこそ、五感が機能し、「変化の予兆」に気づく**ことができる。

機能的な仕事はサクサクとオンライン、リモートですませればいい。しかし、机にしがみついているだけでは、「未来の予兆」は見えてこない。

デジタルの時代だからこそ、リアリズムが大事になる。人と対面で会うからこそわかること、現場に自ら行くからこそ見えることも多い。

オンライン化やリモートワークの最大のリスクは、「つながっているつもり」「見えているつもり」「わかっているつもり」に陥ってしまうことである。

いくら便利でも、やはり現場に行かなければ感じられないもの、人と対面で会わなければば見えてこないものは確実にある。

「三現主義」（現地・現物・現実）など時代遅れと切り捨ててはいけない。**五感で感じるリアリズムは、デジタルで代替することはできない。**

掛け持ち業務や副業で、創造性を高める
——「異質の場」で、「異質の人」と出会い、「異質の仕事」に関わる

日本企業における働き方改革は、リモートワークの推進だけではない。多くの会社が働き方の自由度を高める取り組みを広げようとしている。

たとえば武田薬品工業は、**社内で異なる業務を期間限定で掛け持ちする新たな制度**を導入した。

「タケダ・キャリア・スクエア」というこの制度では、就業時間の20％程度を、自分が関心のあるほかの部署の業務に使うことができる。[31]

知識やスキルを磨くだけでなく、自分自身の適性に合った仕事を見つけるきっかけにもなる。

ライオンはほかの企業の社員などを対象に、新規事業の立ち上げを副業で行う人の公募を始めた。ライオンが個人に業務委託する契約で、リモートワークも可能で、勤務日数は週1日から選べる。[32]

こうした制度を使えば、転職しないでも、「新たな場」で「新たなチャレンジ」をすることができる。

「異質の場」で、「異質の人」と出会い、「異質の仕事」に関わることによって、間違いなく世界は広がる。

これまでのように、同じ会社で、同じ部署の、同じ仕事を繰り返したところで、創造性が高まるはずもない。

働き方を変えるということは、自分が身を置く世界を広げ、自分の可能性を見つけることでもある。

6 コロナ後の人材評価の4つのポイント

「個の自立」が前提条件

これまで述べてきたように、私たちはオンライン、リモートという働き方の「新たな選択肢」を手に入れた。これは劇的な変化である。

機能的な仕事は、オンラインやリモートでサクサクと効率的に進めればいい。

通勤ラッシュから解放され、結論の出ない会議は廃止し、意味のない資料作成はやめる。無駄な残業はせず、上司から強制される飲み会に付き合う必要もない。考えただけでもワクワクする。

コロナをきっかけに「スマートワーク」を手に入れることができれば、日本人ビジネスパーソンの「幸せ度」は間違いなく高まるだろう。

しかし、それを実現するには、**重大な前提条件**がある。それは**一人ひとりが「自立」す**

ることである。

日本人はこれまで集団主義で仕事をしてきた。チームワークや調和、規律を重んじ、「個」よりも「組織」ありきだった。

それはそれでひとつの考え方、価値観だが、そんな人材ばかりでは日本企業に未来はない。

力とやる気のある「個」の発想力、突破力を最大限に活かし、新たな可能性を追求しなくてはならない。

そのためには、私たち一人ひとりが意識と行動を変えることが必要不可欠である。

当然、会社の人材評価のポイントも大きく変わってくる。

コロナ後に予想される4つの変化を見ていこう。

コロナ後の
人材評価

ポイント1 「自己管理」できる人が評価される

リモートワークとは、たんに働く「場所」が変わることではない。**仕事の「管理の仕方」**

が変わるのである。

オフィスで働くのであれば、上司（管理職）が目を光らせ、仕事の進捗度合いや業務品質をチェックする。

しかし、**リモートワークにおける「ボス」はあくまでも自分自身**である。自分で仕事を設計し、自分で管理するのが基本である。

リモートワークによって働き方の「自由度」は高まるが、だからといって自由気ままに仕事をしたのでは、生産性も品質も高まらない。

リモートワークで成果を出すためには「規律」が必要である。たとえば、

- **規則正しい生活を心がける**
- **「報連相」（報告・連絡・相談）をこまめに行う**
- **業務日誌をつける（何をしていたのかを記録する）**

こうした「規律」は、会社や上司のために存在するのではない。あくまでも、自分で自分を律するためのルールなのである。

「自己管理力」の高い人材ほど、リモートワークという新たな働き方によってより大きな成果を手に入れるのである。

ポイント2 「指示待ち」ではない人が評価される

これまでは、言われたことを真面目にコツコツこなし、みんなと仲良くやっていければ、それなりに評価された。

しかし、時代は大きく変わった。

いま求められている人材は、「新たなレール」を敷ける人、「新たな車両」を造ることができる人である。

自らの意見をもち、積極的にアイデアを出せる人でなければ、高い評価は得られない。

日本電産の永守重信会長兼CEOは、こう語っている[33]。

「私は、テレワークは日本人には向いていないと思っていました。というのも、日本人には指示待ち型が多いからです。子どもの頃から親や先生に言われたことに従うのを是とし、自ら何かを始めようとしない。会社員になってからも、大部屋に机を並べて、何かあれば、すぐ上司にうかがいを立てる。でも、テレワークなら上司の顔色を見て仕事することもなくなるので、指示待ちから変わるかもしれない」

「プロ」とは「自己主張」「自己表現」できる人のことである。

自分の意志や意見をもち、それを自分の言葉と行動で表現できる人間が求められているのである。

コロナ後の人材評価

ポイント3 「自己研鑽」を続けられる人が評価される

これまでの日本企業は、社員教育に多大なお金とエネルギーをかけてきた。「人を育てる」ことは会社の責務であり、それを重視する会社がいい会社だと評価された。

もちろん、**コロナ後においても社員教育は必要**である。会社は会社にとって都合のいい人材を育てるために、これからも教育を続けるだろう。

しかし、自己成長を会社にばかり依存するという態度は、これからは正しいとは言えない。

ましてや、会社が提供する教育プログラムだけに参加しても、「プロ」になどなれない。**「プロ」になることを望むのであれば、自分自身を磨くことにお金と時間をかけて、自己鍛錬を行うべき**である。

語学を学ぶ、ビジネススクールに通う、副業ＯＫの会社であれば、他社での実務を経験するなど、自分を磨く場を自分で探し出し、「自己研鑽」に努めなければならない。

ポイント4 会社に「しがみつかない」人が評価される

ポストコロナにおいて、「寄らば大樹」という発想は通用しない。

コロナの影響で公務員を志望する大学生が急増しているらしいが、「公務員だから安泰」などという考え方そのものが安直である。

「緊急事態なのだから、会社を辞めてはいけない。会社にしがみつけ」と煽る声も聞こえる。しかし、大きな穴が開いている船にしがみついたままでは、船もろとも沈むだけかもしれない。

どんな会社だって潰れる可能性がある。どんな仕事だって突然なくなる可能性がある。正社員だから安泰なんて言っていられない。国だっていつ破綻するかわからない。

それが**「VUCA」という時代**である。

本当に力がある人間は、会社にしがみつかない。だから**会社も、しがみつかない人を評価し、登用する。**

会社にしがみついて、人生を棒に振ることが最も不幸なことである。

コロナをきっかけに、私たちは会社に縛られない「脱会社」のマインドをもたなければならないのだ。

おわりに――元に戻るな、大きく前に進め！

歴史は70～80年サイクルで繰り返す――「コロナ革命」という大変革の真っただ中にいる

「歴史は70～80年サイクルで繰り返す」と多くの歴史学者が指摘する。

日本の歴史をさかのぼれば、江戸時代の1787年に「天明の打ちこわし」が起きた。天明の大飢饉に端を発した民衆暴動が、江戸、大坂など主要都市で勃発し、国内は混乱を極めた。

その81年後の1868年に、明治新政府が樹立され、日本は開国へと大きく舵を切った。

さらにその77年後の1945年、第二次世界大戦は終結し、日本は終戦を迎えた。

そして、終戦から75年たった2020年、私たちを襲ったのは未知のウイルスだった。

その被害は、私たちの当初の想定をはるかに超える甚大なものとなっている。世界経済は壊滅的な打撃を受け、日本もその影響をまともに受けざるをえない状況に陥っている。

まずは、社会的弱者、経済的困窮者を救い、時間はかかるかもしれないが、経済的復興はしっかりと果たさなければならない。

しかし、コロナ・ショックのもつ意味はそれだけにとどまらない。

この**「目に見えない黒船」は、日本という国、日本企業、そして日本人が覚醒するまたとないチャンス**でもある。

80年後には**「コロナ革命」**と呼ばれているかもしれない大変革の真っただ中に、私たちはいるのだ。

日本人が陥っていた悪弊を一掃するチャンス

コロナ後に、私たちは元に戻ってはいけない。

これは経済規模の話をしているのではない。

元に戻してはいけないのは、私たちの心の中に長いあいだ巣食ってきた潜在意識や暗黙的な常識、根底にある価値観である。

個人の幸せよりも組織が優先される**「集団主義」**。

やってもやらなくても差がつかない**「悪平等主義」**。

常に横と比較する**「横並び主義」**。

責任を明確にしない**「総合無責任体質」**……。

こうした**悪弊を一掃することができず、私たちは「緩慢なる衰退」に陥っていた。**

「目に見えない黒船」が来襲したにもかかわらず、旧来の意識や常識、価値観を払拭することができなければ、この国が浮上することはないだろう。

私たちは**元に戻るのではなく、大きく前に進まなければならない**のだ。

私たちはもっと豊かになれる。私たちはもっと幸せになれる

今回のコロナ・ショックは、私にとっても自分の働き方を見直す好機となった。

この本はコロナのおかげで書き上げることができたといっても過言ではない。内容や質はさておき、私は2週間ほどでこの本をいっきに書き上げた。

会議や研修がリモートで行われるようになり、出張もなくなったので、時間的な余裕が生まれた。その空いた時間を、この本の執筆に振り向けることができた。

自分では仕事の生産性は高いほうだと勝手に思っていたが、**自分の働き方にはまだまだ無駄があると再認識**させられた。**働き方をもっと工夫すれば、アウトプットを増やすことができる**のだと実感した。

一方、自粛期間中、毎日、たっぷりと散歩を楽しむこともできた。初夏の息吹きをこれほど感じたことはない。

長編の小説を読んだり、大作の映画をじっくり鑑賞する時間ももてた。読んだはずの本、観たはずの映画なのに、とても新鮮に感じた。

「目に見えない黒船」は私たちに**「もっと豊かになれ。もっと幸せになれ」**という問いかけをしてくれているように私には思えてならない。

すべてが止まったからこそ見えてきたものを、私たちは大切にしなければならない。

今年6月、丸20年の節目を機に、私はローランド・ベルガー日本法人会長を退任した。そして、7月からは「無所属」のフリーランス・コンサルタントとして活動を始めた。

本書は「無所属」となった私が最初に出版する「船出の一冊」となる。

私にとって記念となる本書を執筆する機会を与えていただいた東洋経済新報社の中里有吾さん、そして長年私を支えてくれた秘書の山下裕子さんに心から感謝を申し上げる。

ポストコロナにおいて再生を目指す日本企業を、これからも微力ながら応援していきたいと思っている。

2020年7月

遠藤 功

注記

第1章

[1]『日本経済新聞』2020年6月25日
[2]『日本経済新聞』2020年5月23日
[3]『朝日新聞』2020年5月23日
[4]『日本経済新聞』2020年5月28日
[5]『日本経済新聞』2020年6月8日
[6]『日本経済新聞』2020年6月12日
[7]『朝日新聞』2020年5月28日（夕刊）
[8]『日本経済新聞』2020年5月29日
[9]『朝日新聞』2020年5月23日
[10]『朝日新聞』2020年5月30日
[11]『日本経済新聞』2020年5月23日
[12] 小林喜光監修・経済同友会著（2019）『危機感なき茹でガエル日本』中央公論新社

第2章

[13]『日本経済新聞』2020年5月17日
[14] ユヴァル・ノア・ハラリ（2018）『ホモ・デウス』（上下巻）河出書房新社
[15] パーソル総合研究所「新型コロナウイルス対策によるテレワークへの影響に関する緊急調査」
[16]『日本経済新聞』2020年5月27日

〔17〕『日本経済新聞』２０２０年５月29日
〔18〕『日本経済新聞』２０２０年６月19日
〔19〕『日本経済新聞』２０２０年５月24日
〔20〕『日本経済新聞』２０２０年５月31日
〔21〕チャールズ・A・オライリー／マイケル・L・タッシュマン（２０１９）『両利きの経営』東洋経済新報社
〔22〕『日本経済新聞』２０２０年６月３日

第3章

〔23〕『ＴＨＥ21』２０１９年６月号「業界&企業の未来予測」
〔24〕『日本経済新聞』２０１９年５月14日
〔25〕『日本経済新聞』２０１９年７月５日

第4章

〔26〕『日本経済新聞』２０２０年６月25日
〔27〕『日本経済新聞』２０２０年６月３日
〔28〕『日本経済新聞』２０２０年６月９日
〔29〕『日本経済新聞』２０２０年６月24日
〔30〕『日本経済新聞』２０２０年５月26日
〔31〕『日本経済新聞』２０２０年６月１日
〔32〕『日本経済新聞』２０２０年６月５日
〔33〕『朝日新聞』２０２０年５月22日

【著者紹介】

遠藤　功（えんどう　いさお）

株式会社シナ・コーポレーション代表取締役。

早稲田大学商学部卒業。米国ボストンカレッジ経営学修士（MBA）。三菱電機、複数の外資系戦略コンサルティング会社を経て、現職。2005年から2016年まで早稲田大学ビジネススクール教授を務めた。

2020年6月末にローランド・ベルガー日本法人会長を退任。7月より「無所属」の独立コンサルタントとして活動している。多くの企業のアドバイザー、経営顧問を務め、次世代リーダー育成の企業研修にも携わっている。

株式会社良品計画社外取締役。SOMPOホールディングス株式会社社外取締役。株式会社ドリーム・アーツ社外取締役。株式会社マザーハウス社外取締役。

株式会社NTTデータアドバイザリーボードメンバー。

『現場力を鍛える』『見える化』『現場論』『生きている会社、死んでいる会社』『戦略コンサルタント 仕事の本質と全技法』（以上、東洋経済新報社）、『新幹線お掃除の天使たち』（あさ出版）など、ベストセラー著書多数。

連絡先：isao.endo@cenacorporation.com

コロナ後に生き残る会社 食える仕事 稼げる働き方

2020年7月31日発行

著　者——遠藤　功
発行者——駒橋憲一
発行所——東洋経済新報社
〒103-8345　東京都中央区日本橋本石町1-2-1
電話＝東洋経済コールセンター　03(6386)1040
https://toyokeizai.net/

装　丁…………上田宏志（ゼブラ）
ＤＴＰ…………アイランドコレクション
印　刷…………ベクトル印刷
製　本…………ナショナル製本
校　正…………加藤義廣／佐藤真由美
編集担当………中里有吾

ISBN 978-4-492-26116-3